NE능률 영어교과서

대한민국 고등학생 **10**명 중
4.7 명이 보는 교과서

영어 고등 교과서 점유율 1위
(7차, 2007 개정, 2009 개정, 2015 개정)

리딩튜터

그동안 판매된
리딩튜터 1,900만 부
차곡차곡 쌓으면 19만 미터

에베레스트
21 배 높이

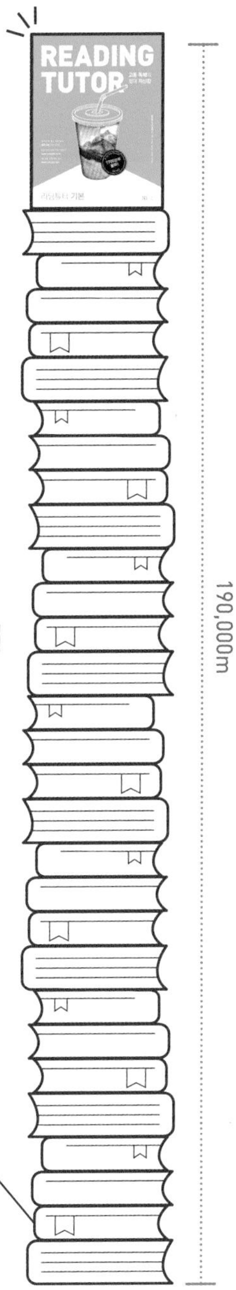

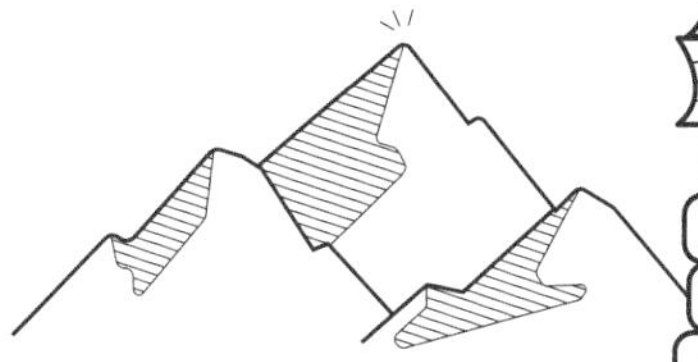

에베레스트 8,848m

능률보카

그동안 판매된
능률VOCA 1,100만 부

대한민국 박스오피스
천만명을 넘은 영화
단 28개

그래머존

그동안 판매된 450만 부의 그래머존을 바닥에 쭉 ~ 깔면
1000km 서울-부산 왕복가능

중학

천문장 LEVEL 1

지은이	NE능률 영어교육연구소
선임연구원	김지현
연구원	장경아, 가민아, 오보은
영문교열	Angela Lan, Curtis Thompson, Keeran Murphy
디자인	민유화, 안훈정, 오솔길
맥편집	한서기획
Photo Credits	www.shutterstock.com

43 SINCE1980 rd
Let's grow together
NE능률이
미래를
창조합니다.
건강한 배움의 고객가치를 제공하겠다는 꿈을 실현하기 위해
40년이 넘는 시간 동안 열심히 달려왔습니다.
앞으로도 끊임없는 연구와 노력을 통해
당연한 것을 멈추지 않고
고객, 기업, 직원 모두가 함께 성장하는 NE능률이 되겠습니다.
NE 능률

중학

천문장

LEVEL 1

「구문이 독해로 연결되는 해석 공식」

구성과 특징

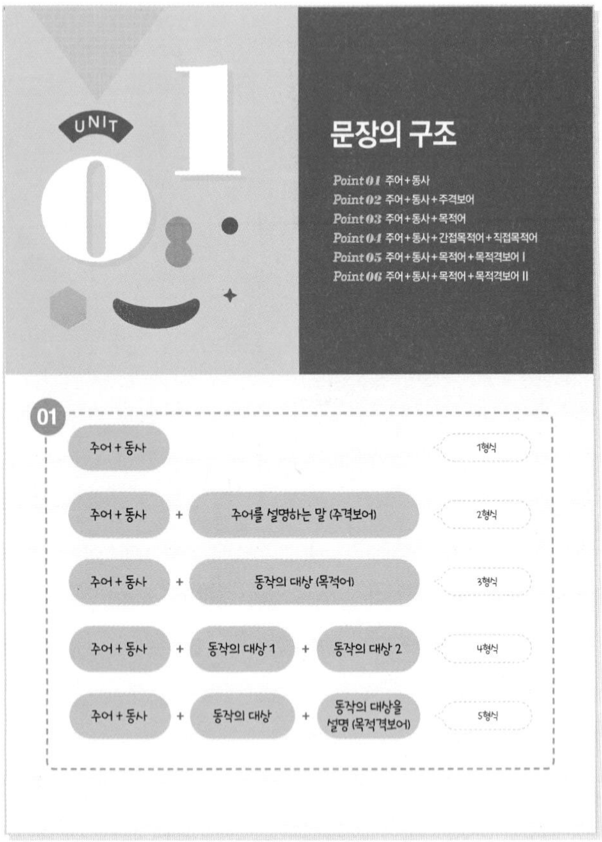
UNIT 01

문장의 구조

Point 01 주어+동사
Point 02 주어+동사+주격보어
Point 03 주어+동사+목적어
Point 04 주어+동사+간접목적어+직접목적어
Point 05 주어+동사+목적어+목적격보어 I
Point 06 주어+동사+목적어+목적격보어 II

01

주어+동사						1형식
주어+동사	+	주어를 설명하는 말 (주격보어)				2형식
주어+동사	+	동작의 대상 (목적어)				3형식
주어+동사	+	동작의 대상 1	+	동작의 대상 2		4형식
주어+동사	+	동작의 대상	+	동작의 대상을 설명 (목적격보어)		5형식

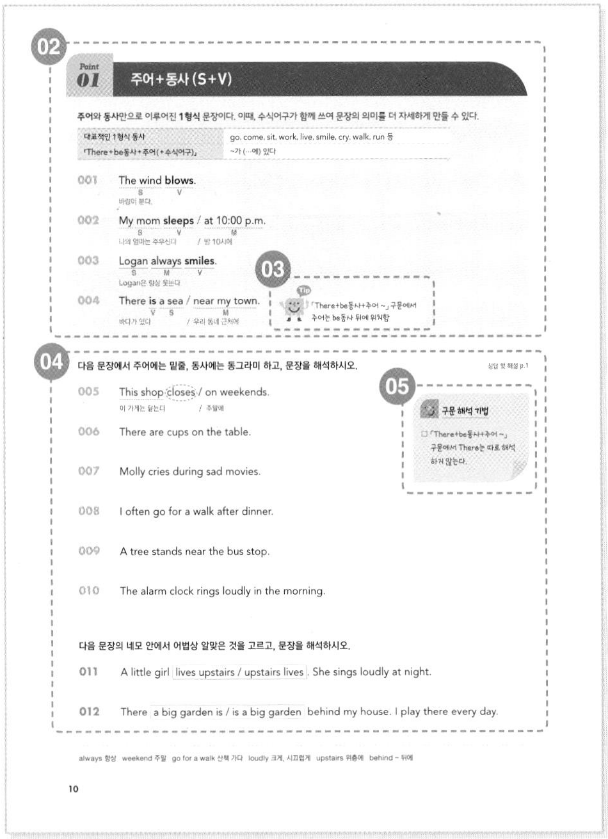
02

Point 01 주어+동사 (S+V)

주어와 동사만으로 이루어진 1형식 문장이다. 이때, 수식어구가 함께 쓰여 문장의 의미를 더 자세하게 만들 수 있다.

대표적인 1형식 동사	go, come, sit, work, live, smile, cry, walk, run 등
「There+be동사+주어(+수식어구)」	~가 (~에) 있다

001 The wind blows.
바람이 분다.

002 My mom sleeps / at 10:00 p.m.
나의 엄마는 주무신다 / 밤 10시에

003 Logan always smiles.
Logan은 항상 웃는다

004 There is a sea / near my town.
바다가 있다 / 우리 동네 근처에

03 Tip 「There+be동사+주어 ~」 구문에서 주어는 be동사 뒤에 위치함

04 다음 문장에서 주어에는 밑줄, 동사에는 동그라미 하고, 문장을 해석하시오.

005 This shop closes / on weekends.
이 가게는 닫는다 / 주말에

006 There are cups on the table.

007 Molly cries during sad movies.

008 I often go for a walk after dinner.

009 A tree stands near the bus stop.

010 The alarm clock rings loudly in the morning.

05 구문 해석 기법
「There+be동사+주어 ~」 구문에서 There는 따로 해석하지 않는다.

다음 문장의 네모 안에서 어법상 알맞은 것을 고르고, 문장을 해석하시오.

011 A little girl [lives upstairs / upstairs lives]. She sings loudly at night.

012 There [a big garden is / is a big garden] behind my house. I play there every day.

always 항상 weekend 주말 go for a walk 산책 가다 loudly 크게, 시끄럽게 upstairs 위층에 behind ~ 뒤에

10

01 한눈에 들어오는 구문 도식

학습 Point를 확인하고
문장 구조를 한눈에 이해할 수 있게 구성하였습니다.

02 이해하기 쉽게 설명한 학습 Point

중학 학년별 필수 구문을 세분화한 학습 Point를
제시하고, 끊어 읽기와 직독직해를 통해 영어 문장 구조를
쉽게 이해할 수 있게 하였습니다.

03 Tip

구문을 이해하는 데 도움이 되는 문법 사항을 간략히
정리하였습니다.

04 확인 문제

학습한 Point를 바로 적용해 보는 문장별 확인 문제로
두 단계 점검이 가능하도록 구성하였습니다.

05 구문 해석 기법

학습 Point와 관련하여 독해에 유용한
해석 기법을 제공하였습니다.

06

Unit Practice

정답 및 해설 p.4

STEP 1 직독직해에 맞게 ( ) 안의 단어를 배열하시오.

1 Jamie는 여긴다 / 그의 아빠를 영웅으로 (father / considers / his / a hero / Jamie)

_____ _____ / _____ _____ _____ _____.

2 나는 들었다 / 엄마가 나를 부르는 것을 (me / mom / heard / I / call / my)

_____ _____ / _____ _____ _____ _____.

3 그 난방기는 유지해 준다 / 나의 방을 따뜻하게 (room / warm / my / the heater / keeps)

_____ _____ _____ / _____ _____ _____.

4 폭우는 만든다 / 강이 빠르게 흐르도록 (flow / heavy rain / makes / fast / the river)

_____ _____ _____ / _____ _____ _____ _____.

STEP 2 다음 문장에서 주어, 동사, 목적어, 목적격보어에 밑줄 긋고 S, V, O, OC를 표시한 후, 문장을 해석하시오.

1 I found the festival entertaining.

2 Everyone saw the big bird fly.

3 The staff let me try on these pants.

4 The hotel allows guests to bring their pets.

5 People call us the best band of the year.

6 I want you to send your grandfather a message.

heater 난방기 flow 흐르다 heavy rain 폭우 festival 축제 entertaining 재미있는, 즐거움을 주는 staff 직원 try on ~을 입어보다 guest 손님 pet 반려동물

18

STEP 3 1 (A), (B)의 각 네모 안에서 어법에 맞는 표현을 고르시오.

I grow herbs in my house. I put them in a cool and bright place. I water them every week and keep them (A) [fresh / freshly]. I **watch** them grow little by little. I want them (B) [grow / to grow] well. I hope to enjoy their fresh scents soon.

07

Reading Q 윗글의 내용과 일치하면 T, 일치하지 않으면 F를 쓰시오.

(1) 나는 허브를 시원하고 밝은 곳에 두고 기른다. _____

(2) 나는 허브 향 덕분에 상쾌한 기분을 느낀다. _____

08

NEW 내신기출

2 밑줄 친 우리말을 조건에 맞게 써서 요약문을 완성하시오.

Some movies **make** people sleepy. And filmmaker Sondra Lowell **wants** people to feel sleepy during her movies. Years ago, she took movie writing classes. Teachers **considered** her movies boring. But Sondra did not stop. She invented a new movie genre, Film Sleepy. She made two films. Her films **allow** people to sleep well.

조건 · 「S+V+O+OC」 형식으로 쓸 것 · 제시된 단어만을 사용할 것

· sleepy / her / people / make / feel / movies

Filmmaker Sondra Lowell invented a new movie genre called Film Sleepy. 그녀의 영화들은 사람들을 졸리게 한다 when they watch them.

____

1 grow 기르다; 자라다 herb 허브, 약초 bright 밝은 water 물; *물을 주다 fresh 신선한(ad. freshly 신선하게) little by little 조금씩 scent 향기

2 sleepy 졸린 filmmaker 영화 제작자 boring 지루한 invent 발명하다; *만들어 내다 genre 장르, 종류 film 영화 allow 허락하다; *가능하게 하다

UNIT 01 19

06 Unit Practice

학습 Point에 대한 통합 학습 3단계로 구성하였으며,
앞에서 배운 문장을 반복함으로써 구문에 익숙해지게
하였습니다.

- STEP 1 우리말 직독직해 영작하기
- STEP 2 문장 구조를 파악하고 해석하기
- STEP 3 지문 속에서 학습 Point 적용하기

07 Reading Q

내용 확인 문제를 통해 지문 이해를 높일 수 있게 하였습니다.

08 NEW 내신기출

최신 내신 기출 유형을 반영한 서술형 문제를 통해
내신 실전 감각을 기를 수 있게 하였습니다.

09 Wrap Up

구문 도식과 주요 예문을 반복 학습함으로써
학습 Point를 정리할 수 있게 하였습니다.

09

Wrap Up

정답 및 해설 p.5

주어 + 동사					1형식
주어 + 동사	+	주어를 설명하는 말 (❶)			2형식
주어 + 동사	+	동작의 대상 (❷)			3형식
주어 + 동사	+	동작의 대상 1	+	동작의 대상 2	4형식
주어 + 동사	+	동작의 대상	+	동작의 대상을 설명 (❸)	5형식

주요 예문을 다시 한번 확인하고, 우리말에 맞게 ( ) 안의 단어를 사용하여 문장을 쓰시오.

1 Joanna는 아침 식사로 토스트를 먹는다. (toast / for breakfast / eats) Point 03

2 그들은 그 영화가 흥미진진하다고 생각한다. (the movie / consider / exciting) Point 05

3 우리 동네 근처에 바다가 있다. (near my town / a sea / there) Point 01

4 나의 어머니는 내가 설거지하게 하셨다. (the dishes / made / mother / wash) Point 06

5 이 그림은 흥미롭게 보인다. (interesting / looks / painting) Point 02

6 그는 일요일마다 나에게 쿠키를 구워준다. (bakes / on Sundays / cookies) Point 04

20

목차

INTRO

UNIT 01 문장의 구조

UNIT 02 주어의 이해

UNIT 03 목적어의 이해

UNIT 04 보어의 이해

INTRO

1 뜻과 역할에 따라 나뉘는 품사

영어 단어는 뜻과 역할에 따라 여덟 가지로 나눌 수 있다.
바로 **명사, 대명사, 동사, 형용사, 부사, 전치사, 접속사, 감탄사**이고, 이들을 **8품사**라고 부른다.

명사
사람 · 사물 · 동물 · 장소 등의 **이름**을 가리키는 말
Alice 앨리스 milk 우유 cat 고양이 Korea 한국

대명사
같은 단어의 반복을 피하기 위해 쓰는 말로 **명사를 대신**하는 말
I 나 it 그것 this 이것

동사
사람 · 사물의 **동작이나 상태**를 설명하는 말
work 일하다 study 공부하다 have 가지다

형용사
모양 · 색깔 · 성질 · 크기 등을 나타내거나 **느낌 · 상태**를 설명해 주는 말
red shoes 빨간 신발 sweet candy 달콤한 사탕 a big airplane 큰 비행기 The boy is happy. 그 소년은 행복하다. I am hungry. 나는 배가 고프다.

부사
동사, 형용사, 부사 또는 문장 전체를 **꾸며주는 말**
run fast 빠르게 달리다 〈동사 수식〉 very helpful 매우 도움이 되는 〈형용사 수식〉

전치사
명사나 대명사 앞에 쓰여 **시간 · 장소 · 방향 등**을 나타내는 말
in the room 방 안에 at home 집에서 on the desk 책상 위에 by midnight 자정까지

접속사
단어와 단어, 문장과 문장을 **연결**해 주는 말
and 그리고 but 하지만 or 또는 if 만약 ~하면 because ~하기 때문에

감탄사
기쁨 · 슬픔 · 놀람 등의 **느낌이나 감정을 느낀 그 순간에 표현**하는 말
Oh 오, 아 Wow 우와 Ouch 아야 Oops 아이고

2 문장 속 역할로 구분되는 문장 성분

문장 성분은 **문장을 이루는 구성 요소**로, 문장 속에서 단어나 단어의 덩어리가 하는 역할에 따라 **주어**, **동사**, **목적어**, **보어**, **수식어**로 나누어진다. 문장에서 어떤 역할을 하느냐에 따라 같은 품사라도 다른 문장 성분이 될 수 있다.

주어 (Subject, S)

동작이나 상태의 주체가 되는 말로, 우리말의 '~이[가], ~은[는]'에 해당한다.
보통 문장의 맨 앞에 온다.

동사 (Verb, V)

주어의 동작이나 상태를 나타내는 말로, 우리말의 '~하다, ~이다'에 해당한다.
주로 주어 뒤에 위치한다.

영어 문장이 성립되기 위한 가장 기본적인 틀「주어+동사」

Mike laughed.
S: Mike가 / V: 웃었다.

The train arrived.
S: 기차가 / V: 도착했다.

목적어 (Object, O)

동사가 나타내는 행동의 대상으로, 우리말의 '~을[를]'에 해당한다.
주로 동사 뒤에 위치한다.

동사에 따라 목적어가 없는 경우가 있고, 목적어가 한 개만 필요하거나, 목적어가 두 개 쓰이는 경우도 있다. 목적어가 두 개인 경우에 '~에게'에 해당하는 말을 간접목적어(Indirect Object, IO), '~을[를]'에 해당하는 말을 직접목적어(Direct Object, DO)라고 한다.

Sarah cooked **this pasta.**
S: Sarah가 / V: 요리했다 / O: 이 파스타를

Santa gave **me a Christmas present.**
S: 산타가 / V: 주었다 / IO: 나에게 / DO: 크리스마스 선물을

보어 (Complement, C)

주어나 목적어의 성질 또는 상태를 보충 설명하는 말로, 'A는 B이다'라는 문장에서 B에 해당한다.
우리말로 '~한, ~하게'로 해석한다. 주로 동사나 목적어 뒤에 위치한다.

보어에는 주어를 보충 설명하는 주격보어(Subject Complement, SC)와 목적어를 보충 설명하는 목적격보어(Object Complement, OC)가 있다.

The watch is **expensive.**
S: 그 시계는 / V: ~이다 / SC: 비싼

My brother made me **smile.**
S: 내 남동생이 / V: 만들었다 / O: 나를 / OC: 미소 짓게

수식어 (Modifier, M)

다른 말을 꾸며서 뜻을 더 자세하게 해주는 말이다.
형용사, 부사 등이 수식어에 해당한다.

영어 문장에서는 주어, 동사, 목적어, 보어를 제외한 모든 부분을 수식어라고 한다. 수식어는 문장에서 꼭 필요한 요소가 아니어서 생략할 수 있지만 문장의 의미를 자세하고 풍부하게 만들어 주는 역할을 한다.

David drinks **hot** tea.
S: David는 / V: 마신다 / M: 뜨거운 (→ O) / O: 차를

David drinks tea **when it rains.**
S: David는 / V: 마신다 / O: 차를 / M: 비가 내릴 때 (→ V)

3 구와 절, 문장

여러 단어가 모여서 하나의 문장 성분으로 쓰일 수 있다. 어떤 단어들이 어떻게 모이느냐에 따라 구와 절로 나뉜다.

구, 절, 문장

하나의 완결된 생각을 나타내는 단어들의 집합을 문장이라고 한다. **구와 절은 2개 이상의 단어가 모인 덩어리**로, 문장의 일부를 구성한다. 이 덩어리에 「주어+동사」가 있으면 절, 그렇지 않으면 구라고 부른다.

A Chris runs. Chris가 달린다.
(Chris: 단어 / runs: 단어)

B Playing soccer is fun. 축구를 하는 것은 재미있다.
(Playing soccer: 구)

C I eat chocolate when I feel sad. 나는 슬플 때 초콜릿을 먹는다.
(when I feel sad: 절)

구

구는 문장에서 **명사, 형용사, 부사 역할**을 한다.

A Writing a story is hard. 이야기를 쓰는 것은 어렵다.
(Writing a story: 명사)

B You can use the pen on the table. 너는 테이블 위에 있는 펜을 써도 좋다.
(on the table: 형용사)

C The class starts after lunch. 수업은 점심 이후에 시작한다.
(after lunch: 부사)

절

절은 문장처럼 **「주어+동사」**를 가지고 있으며, 구와 마찬가지로 **명사, 형용사, 부사 역할**을 한다.

A I think that Jenny knows the answer. 나는 Jenny가 답을 안다고 생각한다.
(that Jenny knows the answer: 명사)

B Don has a friend who lives in Tokyo. Don에게는 도쿄에 사는 친구가 있다.
(who lives in Tokyo: 형용사)

C Before I go to bed, I read books. 자기 전에 나는 책을 읽는다.
(Before I go to bed: 부사)

이 책에 쓰인 표기법

표기법	뜻	표기법	뜻
S	주어	SC	주격보어
V	동사	OC	목적격보어
O	목적어	M	수식어(구)
IO	간접목적어	to-v	to부정사
DO	직접목적어	v-ing	동명사, 분사

표기법	뜻
S′, V′ 등	종속절의 주어·동사 등
( )	생략된 어구
/	끊어 읽기
//	등위절과 등위절의 구분
{[< >]}	구나 종속절의 구분

끊어 읽기는 구문 이해를 돕기 위해 의미 단위로 끊어 읽는 하나의 장치이다. 따라서 무조건 끊어 읽거나 너무 많이 끊어 읽을 필요는 없으며 자신의 독해 호흡에 따라 끊어 읽도록 한다.

UNIT 01

문장의 구조

Point 01 주어+동사
Point 02 주어+동사+주격보어
Point 03 주어+동사+목적어
Point 04 주어+동사+간접목적어+직접목적어
Point 05 주어+동사+목적어+목적격보어 I
Point 06 주어+동사+목적어+목적격보어 II

주어 + 동사						1형식
주어 + 동사	+	주어를 설명하는 말 (주격보어)				2형식
주어 + 동사	+	동작의 대상 (목적어)				3형식
주어 + 동사	+	동작의 대상 1	+	동작의 대상 2		4형식
주어 + 동사	+	동작의 대상	+	동작의 대상을 설명 (목적격보어)		5형식

Point 01 주어+동사 (S+V)

주어와 **동사**만으로 이루어진 **1형식** 문장이다. 이때, 수식어구가 함께 쓰여 문장의 의미를 더 자세하게 만들 수 있다.

대표적인 1형식 동사	go, come, sit, work, live, smile, cry, walk, run 등
「There+be동사+주어(+수식어구)」	~가 (…에) 있다

001 The wind **blows**.
S V
바람이 분다.

002 My mom **sleeps** / at 10:00 p.m.
S V M
나의 엄마는 주무신다 / 밤 10시에

003 Logan always **smiles**.
S M V
Logan은 항상 웃는다.

004 There **is** a sea / near my town.
V S M
바다가 있다 / 우리 동네 근처에

Tip 「There+be동사+주어 ~」 구문에서 주어는 be동사 뒤에 위치함

다음 문장에서 주어에는 밑줄, 동사에는 동그라미 하고, 문장을 해석하시오.

정답 및 해설 p.1

005 This shop closes / on weekends.
이 가게는 닫는다 / 주말에

006 There are cups on the table.

007 Molly cries during sad movies.

008 I often go for a walk after dinner.

009 A tree stands near the bus stop.

010 The alarm clock rings loudly in the morning.

구문 해석 기법

☐ 「There+be동사+주어 ~」 구문에서 There는 따로 해석하지 않는다.

다음 문장의 네모 안에서 어법상 알맞은 것을 고르고, 문장을 해석하시오.

011 A little girl [lives upstairs / upstairs lives]. She sings loudly at night.

012 There [a big garden is / is a big garden] behind my house. I play there every day.

always 항상 weekend 주말 go for a walk 산책 가다 loudly 크게, 시끄럽게 upstairs 위층에 behind ~ 뒤에

Point 02 주어+동사+주격보어 (S+V+SC)

주어와 동사만으로 의미가 완전하지 않아, **주어를 보충 설명하는 주격보어**가 필요한 **2형식** 문장이다. 명사, 형용사 등이 주격보어로 쓰일 수 있다.

상태를 나타내는 동사	be동사, keep, remain, stay 등
변화를 나타내는 동사	become, get, grow, turn 등
감각을 나타내는 동사	look, sound, feel, smell, taste 등

013 Tomorrow **is** my birthday.
S V SC
내일은 내 생일이다.

014 Leaves **turn** / yellow and red / in fall.
S V SC M
나뭇잎들은 변한다 / 노랗고 빨갛게 / 가을에

015 This painting **looks** interesting.
S V SC
이 그림은 흥미롭게 보인다.

다음 문장에서 주격보어를 찾아 밑줄 긋고, 문장을 해석하시오.

정답 및 해설 p.1

016 This soup tastes salty.
이 수프는 짠 맛이 난다.

017 The caterpillar becomes a butterfly.

018 Half of the money is mine.

019 The puppy stays quiet at night.

020 The sky gets dark early in the winter.

021 Evan's stories are great. They all sound exciting.

구문 해석 기법

□ 보어가 명사일 때 '주어=보어'이며, 동사에 따라 '~는 보어이다, 보어가 되다'로 해석한다.

□ 보어가 형용사일 때 '주어의 상태=보어'이며, 동사에 따라 '~는 보어하다, 보어하게 ~하다'로 해석한다.

다음 문장의 네모 안에서 어법상 알맞은 것을 고르고, 문장을 해석하시오.

022 The pine trees grow tall in the sunshine. They also smell [nice / nicely].

023 My favorite place is my room. I feel [comfort / comfortable] there.

taste ~ 맛이 나다 salty 짠 caterpillar 애벌레 get (어떤 상태가) 되다 exciting 흥미진진한 pine tree 소나무 comfort 편안(*a.* comfortable 편안한)

Point 03 주어+동사+목적어 (S+V+O)

동사가 나타내는 동작의 대상, 즉 목적어가 필요한 **3형식** 문장이다. 명사, 대명사 등이 목적어로 쓰일 수 있다.

024 She **admires** them.
S V O
그녀는 그들을 존경한다.

025 I **know** his name.
S V O
나는 그의 이름을 안다.

026 Joanna **eats** toast / for breakfast.
S V O M
Joanna는 토스트를 먹는다 / 아침 식사로

027 We **play** basketball / in the park.
S V O M
우리는 농구를 한다 / 공원에서

다음 문장에서 목적어를 찾아 밑줄 긋고, 문장을 해석하시오.

정답 및 해설 p.1

028 He has / two toy trucks.
그는 가지고 있다 / 장난감 트럭 두 개를

029 Leo writes a poem every day.

030 The cat chases the mouse.

031 Grace does not drink coffee in the afternoon.

032 Our English teacher checked our homework.

033 I met my cousin yesterday. We watched a horror movie together.

> **구문 해석 기법**
> □ 문장의 주어, 동사, 목적어를 찾은 뒤 '~가 목적어를 …하다'로 해석한다.

다음 문장의 네모 안에서 어법상 알맞은 것을 고르고, 문장을 해석하시오.

034 Zoey made tomato soup for lunch. Her family loved [it / its].

035 I hurt my leg last week. My best friend Lily helped [my / me] a lot.

admire 존경하다, 칭찬하다 park 공원 poem 시 chase 뒤쫓다 check 검사하다 cousin 사촌 horror movie 공포 영화 together 함께 hurt 다치게 하다(-hurt-hurt) a lot 많이

Point 04 주어+동사+간접목적어+직접목적어 (S+V+IO+DO)

동사의 의미상 두 개의 목적어, 즉 **간접목적어(~에게)**와 **직접목적어(~을)**가 필요한 **4형식** 문장이다. 간접목적어에는 주로 사람, 직접목적어에는 사물이 온다.

4형식으로 쓰이는 동사	give, show, buy, send, make, ask, tell, teach 등

036 Kids **ask** their parents / many questions.
S V IO DO
아이들은 그들의 부모에게 물어본다 / 많은 질문을

037 He **bakes** me / cookies / on Sundays.
S V IO DO M
그는 나에게 구워준다 / 쿠키를 / 일요일마다

다음 문장에서 목적어를 모두 찾아 밑줄 긋고, 문장을 해석하시오. 정답 및 해설 p.2

038 Jenny makes her daughter / new clothes.
Jenny는 그녀의 딸에게 만들어 준다 / 새 옷을

039 He often shows people a popular video.

040 Blake gave me a free concert ticket.

041 She asked us the actor's name.

042 Audrey sends her friends Christmas cards every year.

043 I know Luca. He teaches children science at school.

다음 문장의 네모 안에서 어법상 알맞은 것을 고르고, 문장을 해석하시오.

044 Elliot read an interesting novel. He told [the story his little brother / his little brother the story].

045 My father saw my broken watch. So he bought [me a new one / a new one me].

parents 부모 bake (음식을) 굽다 daughter 딸 clothes 옷 popular 인기 있는 actor 배우 send 보내다 interesting 흥미로운 novel 소설
story 이야기; *줄거리 little (크기·규모가) 작은; *어린 broken 고장 난

Unit Practice

STEP 1 **직독직해에 맞게 ( ) 안의 단어를 배열하시오.**

1 그 기차는 떠났다 / 5분 전에 (ago / left / five / the train / minutes)

______ ______ ______ / ______ ______ ______.

2 그 도서관은 많은 책을 가지고 있다. (books / has / the library / many)

______ ______ ______ ______ ______.

3 하늘은 어두워진다 / 일찍 / 겨울에 (early / dark / the sky / in the winter / gets)

______ ______ ______ ______ / ______ / ______

______ ______.

4 나의 부모님은 나에게 사 주셨다 / 새 운동화를 / 내 생일에 (me / sneakers / my parents / for my birthday / bought / new)

______ ______ ______ ______ / ______ ______ /

______ ______ ______.

STEP 2 **다음 문장에서 주어, 동사, 주격보어, 목적어에 밑줄 긋고 S, V, SC, O, IO, DO를 표시한 후, 문장을 해석하시오.**

1 Leah became hungry.

2 I sent my teacher an email.

3 The chef shared her secret recipe.

4 There are many leaves under the tree.

5 My grandmother gave me her necklace. It looked nice.

6 A woman walked into a café, and she ordered an iced Americano.

ago ~ 전에 leave 떠나다(-left-left) library 도서관 sneakers 운동화 buy 사다(-bought-bought) share 공유하다 secret 비밀의 recipe 요리법 necklace 목걸이 order 주문하다 iced 차게 식힌, 얼음을 넣은

STEP 3

1 밑줄 친 ①~④ 중 문장의 구조가 같은 것끼리 묶으시오.

Do you **know** about the spotted unicorn fish? ① It looks a bit strange. ② It has a big horn. The horn **looks** like a person's nose. Also, it **has** a special ability. ③ It shows its feelings by changing its color. ④ It is normally gray. But when it **gets** angry, it **becomes** darker.

*spotted unicorn fish 얼룩무늬 유니콘 물고기

__________ / __________

Reading Q 얼룩무늬 유니콘 물고기에 관한 윗글의 내용과 일치하지 않는 것은?

① 큰 뿔을 가지고 있다.
② 평소에는 회색이다.
③ 수온이 낮아지면 색이 진해진다.

NEW 내신기출

2 밑줄 친 우리말을 조건에 맞게 쓰시오.

Some animals **leave** their homes each year. They **leave** for warm weather. Birds are good examples. Some birds **fly** only a few kilometers. 다른 새들은 지구를 가로질러 날아간다. For example, Arctic terns **leave** their nests in the Arctic and **fly** to the Antarctic!

*Arctic tern 북극제비갈매기

조건
- 「S+V+M」 형태로 쓸 것
- 제시된 단어만을 사용할 것
- fly / birds / across the planet / other

____

1 a bit 조금, 약간 strange 이상한 horn 뿔 special 특별한 ability 능력 change 바꾸다 normally 보통 (때는) dark 어두운; *(색이) 짙은
2 warm 따뜻한 weather 날씨 nest 둥지 the Arctic 북극 the Antarctic 남극 across 가로질러 planet 행성; *지구

Point 05 주어+동사+목적어+목적격보어 I (S+V+O+OC)

목적어와 **목적어를 보충 설명하는 목적격보어**가 필요한 **5형식** 문장이다. 명사, 형용사 등이 목적격보어로 쓰일 수 있다.

명사를 목적격보어로 갖는 동사	name, call, make, consider 등
형용사를 목적격보어로 갖는 동사	make, keep, turn, find, leave, consider 등

046 Johnny **named** / his dog Henry.
S V O OC
Johnny는 이름 지었다 / 그의 개를 Henry라고

047 This song **made** / her a star.
S V O OC
이 노래는 만들었다 / 그녀를 스타로

048 Owen always **keeps** / his desk clean.
S M V O OC
Owen은 항상 유지한다 / 그의 책상을 깨끗하게

049 They **consider** / the movie exciting.
S V O OC
그들은 생각한다 / 그 영화가 흥미진진하다고

다음 문장에서 목적어에는 밑줄, 목적격보어에는 동그라미 하고, 문장을 해석하시오.

정답 및 해설 p.3

050 People call / him a genius.
사람들은 부른다 / 그를 천재라고

051 I leave the windows open.

052 Anger turned Joe's face red.

053 Some students find math difficult.

054 Jamie considers his father a hero.

055 Morris found the main dish cheap and delicious.

> **구문 해석 기법**
>
> □ 목적격보어가 명사일 때 '목적어=보어'이며, '~가 목적어를 보어라고[보어로] …하다'로 해석한다.
>
> □ 목적격보어가 형용사일 때 '목적어의 상태=보어'이며, '~가 목적어를 보어하게[보어하다고] …하다'로 해석한다.

다음 문장의 네모 안에서 어법상 알맞은 것을 고르고, 문장을 해석하시오.

056 The weather is very cold now, but this coat keeps me [warm / warmly].

057 My father [calls / turns] me a princess. It makes me [happy / happily].

---

name 이름을 지어주다 consider 생각하다, 여기다 keep 유지하다, 유지하게 하다 turn 돌다; *(~한 상태로) 변하게 하다 find 생각하다 leave 떠나다; *(~한 상태로) 두다 genius 천재 anger 분노 dish 접시; *요리 cheap (값이) 싼

Point 06 주어+동사+목적어+목적격보어 II (S+V+O+OC)

명사, 형용사 외에도 **동사의 여러 형태**가 **목적격보어**로 쓰일 수 있다.

want, tell, ask, allow, cause 등+목적어+to-v	목적어가 ~하기를[할 것을] …하다
have, make, let+목적어+동사원형	목적어가 ~하게 하다[시키다]
see, watch, hear, feel 등+목적어+동사원형	목적어가 ~하는 것을 보다/듣다/느끼다 등

058 Chloe **wants** / her son to eat vegetables.
S V O OC
Chloe는 원한다 / 그녀의 아들이 채소를 먹기를

059 My mother **made** / me wash the dishes.
S V O OC
나의 어머니는 하셨다 / 내가 설거지하게

060 Greg **watched** / his children play soccer.
S V O OC
Greg은 보았다 / 그의 아이들이 축구하는 것을

다음 문장에서 목적어에는 밑줄, 목적격보어에는 동그라미 하고, 문장을 해석하시오.

정답 및 해설 p.3

061 I saw / many stars shine.
나는 보았다 / 많은 별들이 빛나는 것을

062 The man told her to sit.

063 Justin does not let me use his computer.

064 Harper asked her to bring his report.

065 The wind makes me feel cold.

066 I heard a dog bark loudly outside.

다음 문장의 네모 안에서 어법상 알맞은 것을 고르고, 문장을 해석하시오.

067 The strong wind caused the door [open / to open]. She asked me [closing / to close] it.

068 The teacher had him [answer / answers] the question. He felt his heart [beat / beats] fast.

cause 야기하다, 초래하다 wash the dishes 설거지하다 shine 빛나다 bring 가져오다 report 보고서 bark 짖다 outside 밖에서 heart 심장 beat 이기다; *(심장이) 뛰다

Unit Practice

STEP 1 **직독직해에 맞게 ( ) 안의 단어를 배열하시오.**

1 Jamie는 여긴다 / 그의 아빠를 영웅으로 (father / considers / his / a hero / Jamie)

_______ _______ / _______ _______ _______ _______.

2 나는 들었다 / 엄마가 나를 부르는 것을 (me / mom / heard / I / call / my)

_______ _______ / _______ _______ _______ _______.

3 그 난방기는 유지해 준다 / 나의 방을 따뜻하게 (room / warm / my / the heater / keeps)

_______ _______ _______ / _______ _______ _______.

4 폭우는 만든다 / 강이 빠르게 흐르도록 (flow / heavy rain / makes / fast / the river)

_______ _______ _______ / _______ _______ _______ _______.

STEP 2 **다음 문장에서 주어, 동사, 목적어, 목적격보어에 밑줄 긋고 S, V, O, OC를 표시한 후, 문장을 해석하시오.**

1 I found the festival entertaining.

2 Everyone saw the big bird fly.

3 The staff let me try on these pants.

4 The hotel allows guests to bring their pets.

5 People call us the best band of the year.

6 I want you to send your grandfather a message.

heater 난방기 flow 흐르다 heavy rain 폭우 festival 축제 entertaining 재미있는, 즐거움을 주는 staff 직원 try on ~을 입어보다 guest 손님 pet 반려동물

STEP 3

1 (A), (B)의 각 네모 안에서 어법에 맞는 표현을 고르시오.

I grow herbs in my house. I put them in a cool and bright place. I water them every week and keep them (A) [fresh / freshly]. I **watch** them grow little by little. I want them (B) [grow / to grow] well. I hope to enjoy their fresh scents soon.

Reading Q 윗글의 내용과 일치하면 T, 일치하지 않으면 F를 쓰시오.
(1) 나는 허브를 시원하고 밝은 곳에 두고 기른다. ______
(2) 나는 허브 향 덕분에 상쾌한 기분을 느낀다. ______

NEW 내신기출

2 밑줄 친 우리말을 (조건)에 맞게 써서 요약문을 완성하시오.

Some movies **make** people sleepy. And filmmaker Sondra Lowell **wants** people to feel sleepy during her movies. Years ago, she took movie writing classes. Teachers **considered** her movies boring. But Sondra did not stop. She invented a new movie genre, Film Sleepy. She made two films. Her films **allow** people to sleep well.

조건
· 「S+V+O+OC」 형식으로 쓸 것 · 제시된 단어만을 사용할 것
· sleepy / her / people / make / feel / movies

Filmmaker Sondra Lowell invented a new movie genre called Film Sleepy. <u>그녀의 영화들은 사람들을 졸리게 한다</u> when they watch them.

____

1 grow 기르다; 자라다 herb 허브, 약초 bright 밝은 water 물; *물을 주다 fresh 신선한(*ad.* freshly 신선하게) little by little 조금씩 scent 향기
2 sleepy 졸린 filmmaker 영화 제작자 boring 지루한 invent 발명하다; *만들어 내다 genre 장르, 종류 film 영화 allow 허락하다; *가능하게 하다

Wrap Up

정답 및 해설 p.5

주어 + 동사			1형식
주어 + 동사	+ 주어를 설명하는 말 (❶)		2형식
주어 + 동사	+ 동작의 대상 (❷)		3형식
주어 + 동사	+ 동작의 대상 1	+ 동작의 대상 2	4형식
주어 + 동사	+ 동작의 대상	+ 동작의 대상을 설명 (❸)	5형식

주요 예문을 다시 한번 확인하고, 우리말에 맞게 ( ) 안의 단어를 사용하여 문장을 쓰시오.

1 Joanna는 아침 식사로 토스트를 먹는다. (toast / for breakfast / eats) Point 03

2 그들은 그 영화가 흥미진진하다고 생각한다. (the movie / consider / exciting) Point 05

3 우리 동네 근처에 바다가 있다. (near my town / a sea / there) Point 01

4 나의 어머니는 내가 설거지하게 하셨다. (the dishes / made / mother / wash) Point 06

5 이 그림은 흥미롭게 보인다. (interesting / looks / painting) Point 02

6 그는 일요일마다 나에게 쿠키를 구워준다. (bakes / on Sundays / cookies) Point 04

UNIT 02

주어의 이해

Point 01 주어의 개념
Point 02 동명사와 to부정사

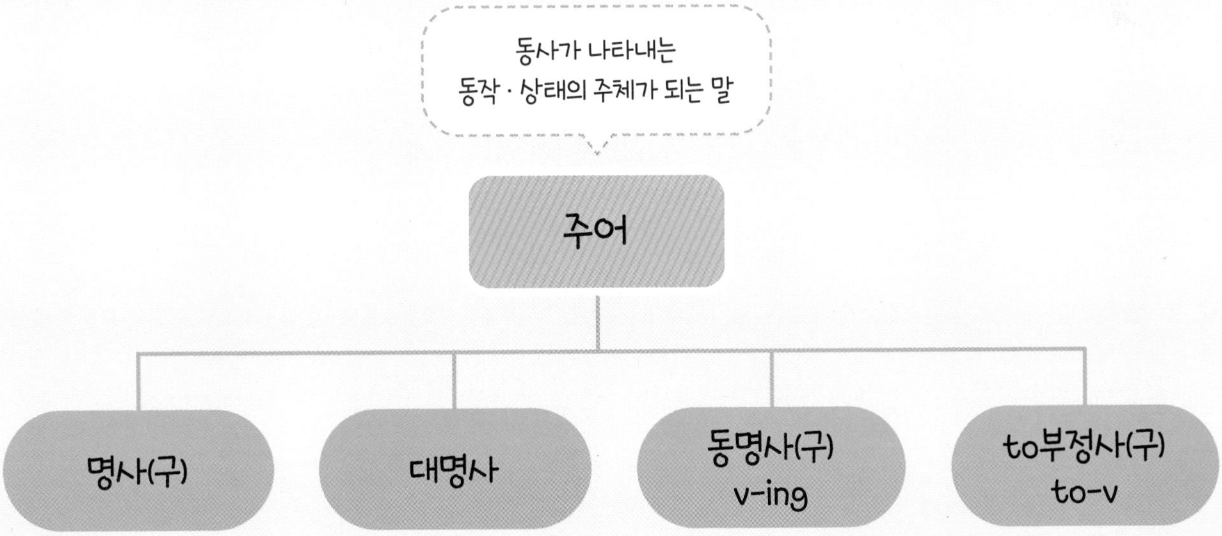

Point 01 주어의 개념

주어는 **동사가 나타내는 동작·상태의 주체가 되는 말**이다. **단독 명사, 주격대명사**(I, you, he, she, it, we, they), **의문대명사**(who, what, which), **수식을 받은 명사구** 등이 주어로 쓰인다.

069 **The wind** blows / softly.
S V M
바람이 분다 / 부드럽게

070 **He** works / in the hospital.
S V M
그는 일한다 / 병원에서

071 **Who** wants pizza?
S V O
누가 피자를 원하니?

072 There is **a big balloon** / above the building.
V S M
큰 풍선 하나가 있다 / 건물 위에

다음 문장에서 주어를 찾아 밑줄 긋고, 문장을 해석하시오.

정답 및 해설 p.5

073 We are close friends.
우리는 친한 친구들이다.

074 What is so funny?

075 My neighbor always shares food with us.

076 There are many cars on the road.

077 *Cinderella* is a famous children's story.

078 There are two spoons on the table. Which is yours?

구문 해석 기법

- ☐ 주어는 주로 동사 앞에 오며, '~가'라고 해석한다.
- ☐ 의문대명사 who는 '누가,' what과 which는 '무엇이, 어느 것이'라고 해석한다.

다음 문장의 네모 안에서 어법상 알맞은 것을 고르고, 문장을 해석하시오.

079 I turned off the light five minutes ago. [Which / Who] turned it on again?

080 My little brother and [me / I] play soccer together. It is my favorite sport.

blow (바람이) 불다 softly 부드럽게 close (시간·거리가) 가까운; *친한 neighbor 이웃 share 나누다 road 도로 famous 유명한 children's story 동화 turn off (전기·가스·수도 등을) 끄다 favorite 매우 좋아하는

Point 02

동명사와 to부정사

동사를 명사처럼 만든 **동명사(v-ing)**와 **to부정사(to-v)**는 주어로 쓰일 수 있고, 단수 취급한다. 이때 뒤에 동명사와 to부정사의 목적어, 보어, 수식어구 등이 함께 쓰여 길어질 수 있다.

081 **Climbing this mountain** / is difficult.
S / V SC
이 산을 오르는 것은 / 어렵다.

082 **Getting up early** / is a good habit.
S / V SC
일찍 일어나는 것은 / 좋은 습관이다.

083 **To do well** <**in school**> / is my goal.
S / V SC
잘하는 것이 <학교에서> / 나의 목표이다

084 **To talk loudly** <**on the phone**> <**in public**> / seems rude.
S / V SC
크게 말하는 것은 <전화로> <공공 장소에서> / 무례해 보인다

다음 문장에서 주어를 찾아 밑줄 긋고, 문장을 해석하시오.

정답 및 해설 p.5

085 Solving this question / is simple.
이 문제를 푸는 것은 / 간단하다.

086 Waiting in line for a long time is boring.

087 To travel to New York is my plan for this vacation.

088 Watching a *mukbang* at night makes me hungry.

089 Pushing this button turns the machine on.

090 Moving to a new town is tough. But making new friends is fun.

> **구문 해석 기법**
>
> □ 문장이 동명사나 to부정사로 시작하면 동사 바로 앞까지를 주어로 이해한다.
>
> □ 문장의 주어가 동명사나 to부정사이면 '~하는 것은[이]'라고 해석한다.

다음 문장의 네모 안에서 어법상 알맞은 것을 고르고, 문장을 해석하시오.

091 Learning languages [is / are] not easy. [Speak / To speak] a language requires practice.

092 Smartphones are convenient. But [use / using] them too much is not good.

climb 오르다, 올라가다 rude 무례한 wait in line 줄을 서서 기다리다 for a long time 오랫동안 machine 기계 move 움직이다; *이사하다 tough 힘든 require 필요로 하다 practice 연습 convenient 편리한

Unit Practice

STEP 1

직독직해에 맞게 (   ) 안의 단어를 배열하시오.

1 무엇이 만드니 / 너를 행복하게 (makes / what / you / happy)

__________ __________ / __________ __________?

2 선생님은 학생들에게 내셨다 / 퀴즈 하나를 (gave / a quiz / the teacher / the students)

__________ __________ __________ __________ __________ / __________ __________.

3 줄을 서서 기다리는 것은 / 오랫동안 / 지루하다 (for a long time / boring / waiting in line / is)

__________ __________ __________ / __________ __________ __________

__________ / __________ __________.

4 그들은 체육관에 간다 / 매주 (week / they / the gym / visit / every)

__________ __________ __________ __________ / __________ __________.

STEP 2

다음 문장에서 주어를 찾아 밑줄 긋고, 문장을 해석하시오.

1 Who teaches you English?

2 Talking with strangers makes me nervous.

3 There are many children on the playground.

4 Remembering lots of phone numbers is not easy.

5 Sebastian and his wife booked a flight to Australia.

6 Working with other people requires good communication skills.

boring 지루하게 하는 gym 체육관 visit 찾아가다, 방문하다 stranger 낯선 사람 nervous 긴장한 playground 운동장 remember 기억하다 lots of 많은 book (좌석을) 예약하다 flight 항공편 Australia 호주 communication 의사소통 skill 능력, 기술

STEP 3

1 밑줄 친 ①~④ 중 문장의 주어가 아닌 것을 찾아 해당 번호를 쓰고, 올바른 주어를 찾아 쓰시오.

① Running with a bed sounds strange. But **it** is an official race in England. During the race, ② people run and pull a bed with wheels. However, ③ that is only one part of the race. Before it, **racers** have a parade with their interesting and colorful beds. Watching ④ the fancy beds is very fun.

____

Reading Q 윗글의 주제로 가장 적절한 것은?

① 영국의 침대 경주
② 영국의 이색적인 침대
③ 영국의 다양한 달리기 대회

NEW 내신기출

2 밑줄 친 우리말 (A), (B)를 조건에 맞게 써서 각 문장을 완성하시오.

Some foods go together well, but **others** do not mix. (A) 쌀을 콩과 함께 먹는 것은 당신에게 좋다. **Rice** has little protein, but **beans** have a lot of protein. On the other hand, (B) 토마토를 설탕과 함께 먹는 것은 건강에 좋지 않다. **Tomatoes** have a lot of vitamins. However, **sugar** limits the benefit of vitamins.

조건
· 동명사를 주어로 쓸 것
· 제시된 단어를 사용할 것 (필요시 형태를 바꿔 쓸 것)
· eat / with (필요시 두 번 사용)

(A) ________ ________ ________ ________ is good for you.

(B) ________ ________ ________ ________ is unhealthy

1 official 공식적인 pull (끌어)당기다 wheel 바퀴 racer (경주 참가) 선수 parade 행진 colorful 다채로운 fancy 화려한, 장식이 많은
2 go together 어울리다 mix 섞이다; *어울리다 protein 단백질 limit 제한하다 benefit 이익, 이로움 unhealthy 건강하지 않은

Wrap Up

정답 및 해설 p.7

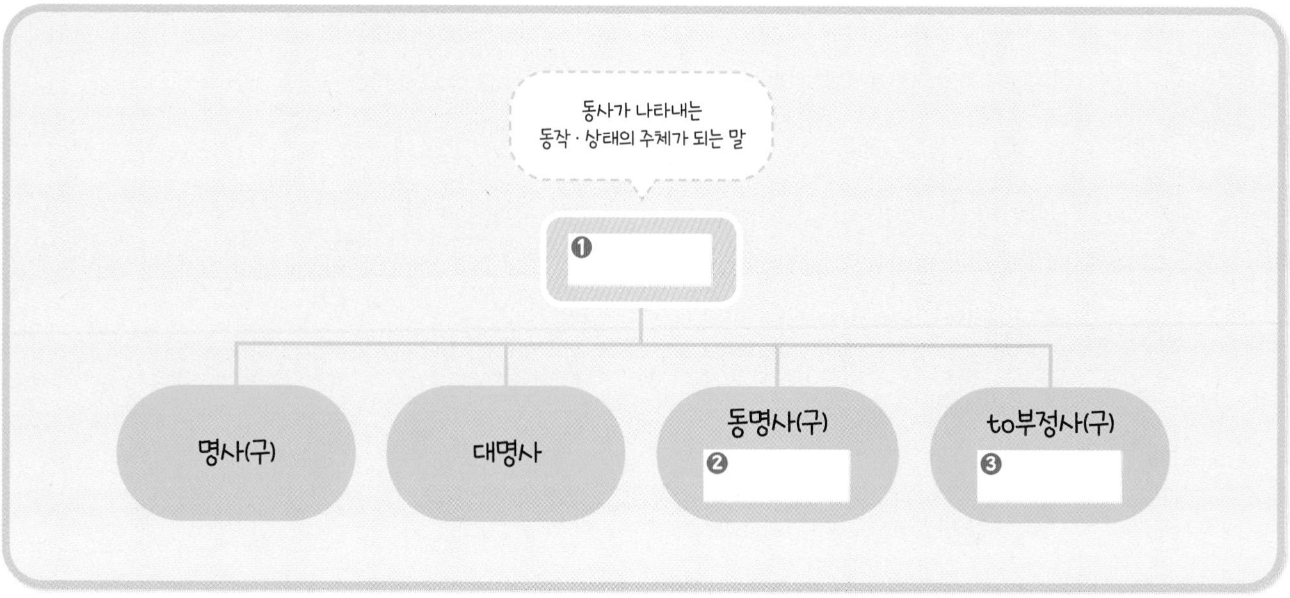

주요 예문을 다시 한번 확인하고, 우리말에 맞게 ( ) 안의 단어를 사용하여 문장을 쓰시오.

1 누가 피자를 원하니? (pizza / wants) Point 01

2 큰 풍선 하나가 건물 위에 있다. (above / a balloon) Point 01

3 학교에서 잘하는 것이 나의 목표이다. (in school / goal / well / to do) Point 02

4 그는 병원에서 일한다. (works / in the hospital) Point 01

5 이 산을 오르는 것은 어렵다. (mountain / climbing / difficult / this) Point 02

6 일찍 일어나는 것은 좋은 습관이다. (a good habit / early / getting up) Point 02

UNIT 03

목적어의 이해

Point 01 목적어의 개념

Point 02 동명사와 to부정사

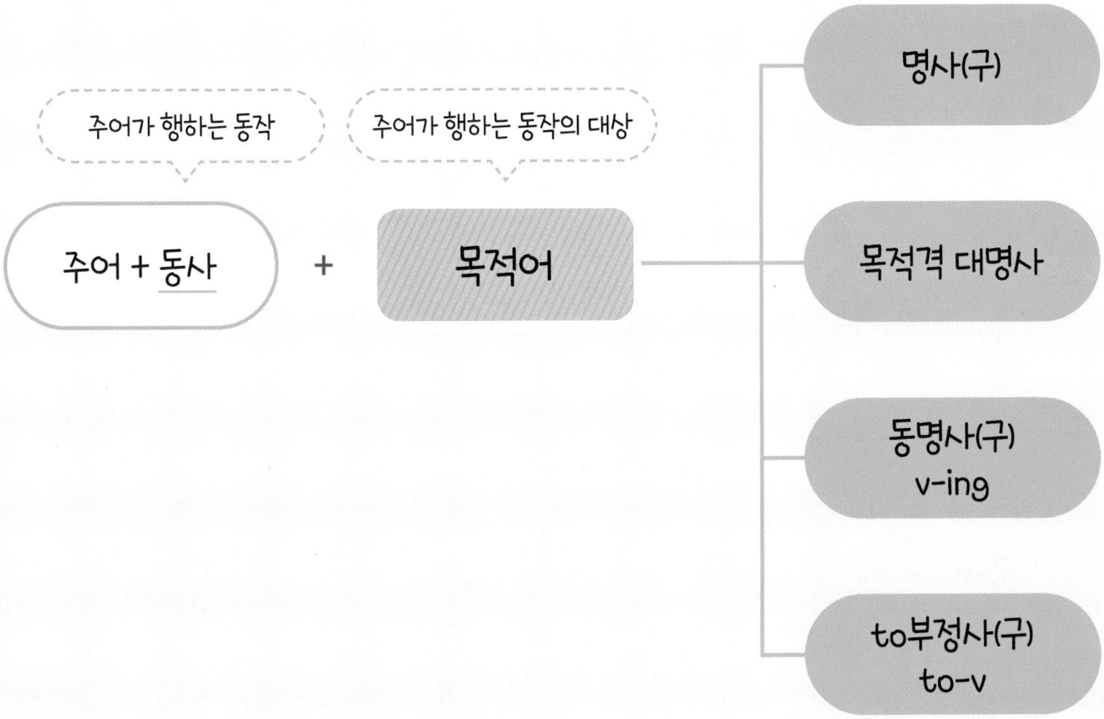

Point 01 목적어의 개념

동사에 따라 **동작의 대상**이 필요한 경우가 있는데, 이때 동작의 대상을 **목적어**라고 한다. **명사**나 **대명사, 수식을 받은 명사구** 등이 목적어로 쓰인다.

093 We learn **Spanish** / at school.
S V O M
우리는 스페인어를 배운다 / 학교에서

094 I play **basketball** / every weekend.
S V O M
나는 농구를 한다 / 주말마다

095 Katlin sometimes visits **them**.
S M V O
Katlin은 가끔 그들을 방문한다.

Tip
목적격 대명사
me, you, him, her, it, us, them

096 Julie has / **three cute cats**.
S V O
Julie는 가지고 있다 / 세 마리의 귀여운 고양이를

다음 문장에서 목적어를 찾아 밑줄 긋고, 문장을 해석하시오.

정답 및 해설 p.7

097 I wear glasses.
나는 안경을 쓴다.

098 He speaks English well.

099 Rapunzel has long blonde hair.

100 My mom cooks a delicious dinner every day.

101 We usually have a picnic on Fridays.

102 Zion studies math with his friends after school.

구문 해석 기법
□ 명사나 대명사 목적어는 '~를'로 해석한다.

다음 문장의 네모 안에서 어법상 알맞은 것을 고르고, 문장을 해석하시오.

103 I trust [him / his]. He always tells the truth.

104 Nova collects stickers. She puts [it / them] on her laptop.

Spanish 스페인어 weekend 주말 sometimes 가끔 wear 입고[쓰고] 있다 blonde 금발의 delicious 맛있는 after school 방과 후에 trust 믿다 truth 진실 collect 모으다 laptop 노트북

Point 02

동명사와 to부정사

동명사(v-ing)와 to부정사(to-v)는 목적어로 쓰일 수 있다. 동사에 따라 둘 중 하나만 쓰거나 둘 다 쓰기도 한다.

동명사를 목적어로 쓰는 동사	enjoy, mind, practice, finish, avoid, give up 등
to부정사를 목적어로 쓰는 동사	want, need, agree, decide, wish, hope, promise, expect 등
동명사와 to부정사 둘 다 목적어로 쓰는 동사	like, love, hate, start, begin, continue 등

105 She enjoys / **reading books.**
S V O
그녀는 즐긴다 / 책 읽는 것을

106 I want / **to eat something cold.**
S V O
나는 원한다 / 시원한 무언가를 먹기를

107 Sam likes / **meeting[to meet] new people.**
S V O
Sam은 좋아한다 / 새로운 사람들을 만나는 것을

다음 문장에서 목적어를 찾아 밑줄 긋고, 문장을 해석하시오.

정답 및 해설 p.7

구문 해석 기법

☐ 동명사나 to부정사 목적어는 '~하는 것을'로 해석한다.

108 Harry loves fishing.
Harry는 낚시하는 것을 좋아한다.

109 We hope to see you soon.

110 She needs to apologize for her mistake.

111 I promise to clean my room tomorrow.

112 Please avoid playing the piano after nine o'clock.

113 Don't give up singing. You have a wonderful voice.

다음 문장의 네모 안에서 어법상 알맞은 것을 모두 고르고, 문장을 해석하시오.

114 Dona likes [exercising / to exercise]. A month ago, she started [doing / to do] Pilates.

115 He wishes [traveling / to travel] around the world. He doesn't mind [spending / to spend] lots of money.

fish 낚시하다 soon 곧 apologize 사과하다 promise 약속하다 clean 청소하다 avoid 피하다 give up 포기하다 wonderful 훌륭한 Pilates 필라테스 mind 신경 쓰다 spend (돈·시간 등을) 쓰다

Unit Practice

STEP 1 직독직해에 맞게 ( ) 안의 단어를 배열하시오.

1 Emma는 언제나 환영한다 / 우리를 (welcomes / Emma / always / us)

________ ________ ________ / ________.

2 나는 기억한다 / 내 여동생의 졸업 파티를 (remember / I / graduation party / my sister's)

________ ________ / ________ ________ ________ ________.

3 그녀는 바란다 / 상을 받기를 (the prize / hopes / to win / she)

________ ________ / ________ ________ ________ ________.

4 피해 주세요 / 피아노를 연주하는 것을 / 9시 이후에 (the piano / please / after nine o'clock / playing / avoid)

________ ________ / ________ ________ ________ / ________

________ ________.

STEP 2 다음 문장에서 목적어를 찾아 밑줄 긋고, 문장을 해석하시오.

1 Ricky has a lot of comic books.

2 We want to go home early today.

3 I usually finish doing all my homework by 11:00 p.m.

4 Children enjoy playing games on smartphones.

5 She loves to swim in the pool on hot summer days.

6 Nancy picks up our children and takes them to school.

welcome 환영하다 remember 기억하다 graduation 졸업 prize 상 win (경기 등에서 이겨서 무엇을) 받다 comic book 만화책 finish 끝내다 pool 수영장 pick up 차에 태우다

정답 및 해설 p.7

STEP 3

1 (A), (B), (C)의 각 네모 안에서 어법에 맞는 표현을 고르시오.

At a Chinese zoo, a mother tiger has **three babies**. The baby tigers need **food and protection**. But she does not feed **them**. Therefore, zookeepers decide (A) [giving / to give] them a new mother. She is a dog! The tigers love **their new mother**. They even enjoy (B) [playing / to play] with their puppy brothers and sisters. They like (C) [live / living] with their new dog family.

Reading Q 윗글의 내용과 일치하지 않는 것은?

① 어미 호랑이는 새끼들을 돌보지 않는다.
② 새끼 호랑이들의 새로운 어미는 개이다.
③ 새끼 호랑이들은 강아지 형제자매들과 잘 어울리지 못한다.

NEW 내신기출

2 밑줄 친 우리말에 맞게 보기 의 단어를 배열하여 문장을 완성하시오. (필요시 형태를 바꿔 쓸 것)

Every October, Grand Park holds **the Fall Marathon**. It is a famous marathon there. Many people join **it**. 9월에 주자들은 함께 마라톤을 뛰는 것을 연습한다. Running the marathon is not easy. Some people practice really hard and expect **to get a medal**. But other people join **this event** just for fun.

보기 practice / run / the runners / the marathon

In September, ______________________________ together.

1 protection 보호 feed 먹이를 주다 zookeeper 동물원 사육사 decide 결정하다 even 심지어 puppy 강아지
2 hold 잡다; *(회의·시합 등을) 열다, 개최하다 marathon 마라톤 join 참가하다 practice 연습하다 expect 기대하다 just 단지, 그저 for fun 재미로

Wrap Up

정답 및 해설 p.9

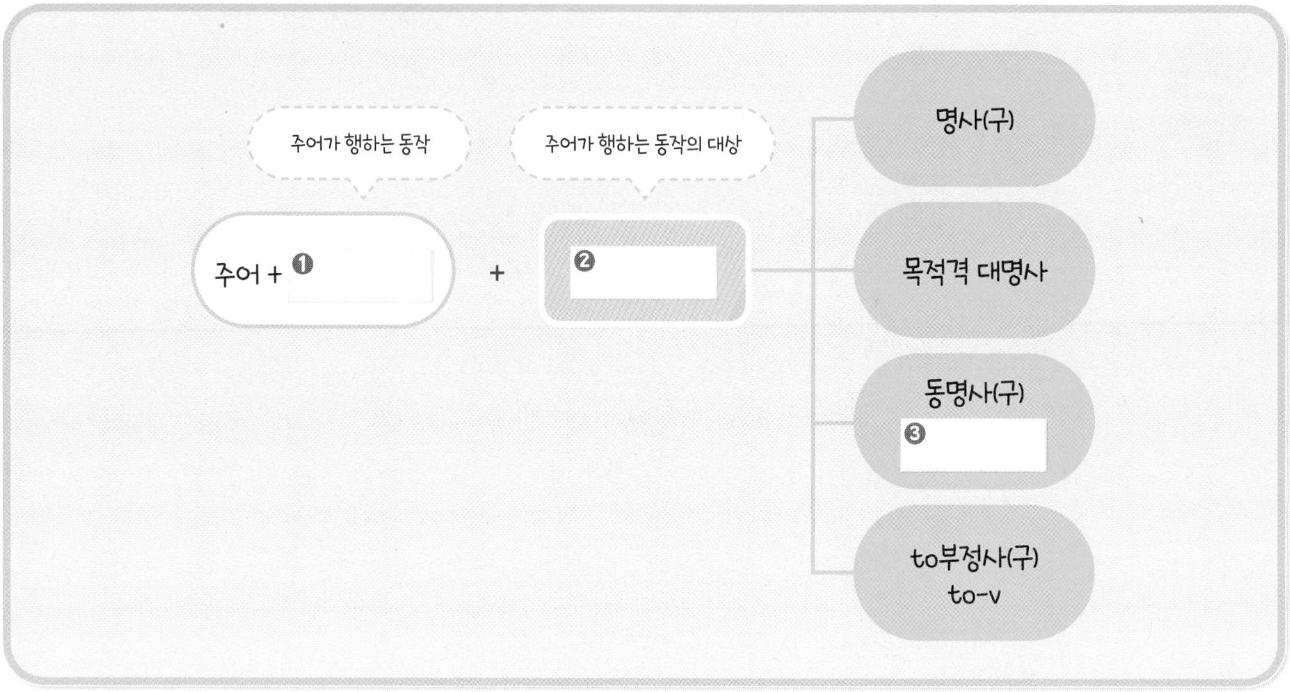

주요 예문을 다시 한번 확인하고, 우리말에 맞게 ( ) 안의 단어를 사용하여 문장을 쓰시오.

1 나는 주말마다 농구를 한다. (play / weekend / basketball / every) Point 01

2 그녀는 책 읽는 것을 즐긴다. (books / enjoys) Point 02

3 Julie는 세 마리의 귀여운 고양이를 가지고 있다. (cats / cute / has) Point 01

4 Katlin은 가끔 그들을 방문한다. (sometimes / visits) Point 01

5 나는 시원한 무언가를 먹기를 원한다. (eat / want / cold / something) Point 02

6 Sam은 새로운 사람들을 만나는 것을 좋아한다. (people / likes / new) Point 02

Point 02

주격보어_명사와 형용사

주격보어는 **주어를 보충 설명하는** 말로 **명사(구)**나 **형용사(구)**가 쓰이며 부사는 쓰일 수 없다.

• 「S+V+SC」 형식에서 자주 쓰이는 동사

~이다, (~한 상태로) 있다	be동사, keep, remain, stay 등
~이 되다	become, get, go, turn, grow 등
~하게[한] 보이다/들리다/맛이 나다/냄새가 나다/느끼다	look, seem, sound, taste, smell, feel 등

128 My little sister's name / is **Linda**.
S / V SC
내 여동생의 이름은 / Linda이다.

129 I get **tired** / easily.
S V SC / M
나는 피곤해진다 / 쉽게

130 This pond looks **deep**.
S V SC
이 연못은 깊어 보인다.

다음 문장에서 주격보어를 찾아 밑줄 긋고, 문장을 해석하시오.

정답 및 해설 p.9

131 His father is a painter.
그의 아버지는 화가이다.

132 This hamburger tastes spicy.

133 They are popular soccer players.

134 Traveling to foreign countries is fun.

135 In the evening, the sky turns dark.

136 Her songs became famous. I was proud of her.

구문 해석 기법

☐ 「주어+동사+명사 보어」는 '~는 보어이다/보어가 되다'로 해석한다.

☐ 「주어+동사+형용사 보어」는 동사에 따라 '~는 보어하다/보어하게 ~하다'로 해석한다.

다음 문장의 네모 안에서 어법상 알맞은 것을 고르고, 문장을 해석하시오.

137 Brian seemed [nervous / nervously] on the stage. His face turned pale.

138 Learning the violin sounds [difficult / difficulty]. But for me, it isn't.

tired 피곤한 pond 연못 deep 깊은 painter 화가 foreign 외국의 proud of ~을 자랑스러워하는 nervous 불안해하는 stage 단계; *무대 pale 창백한 learn 배우다 difficult 어려운

Unit Practice

STEP 1 **직독직해에 맞게 ( ) 안의 단어를 배열하시오.**

1 그는 스물두 살이다. (twenty-two / is / old / he / years)

__________ __________ __________ __________ __________.

2 네 말은 무례하게 들린다. (words / rude / sound / your)

__________ __________ __________ __________.

3 나는 부른다 / 내 고양이를 Pepper라고 (cat / call / I / Pepper / my)

__________ __________ / __________ __________ __________.

4 내가 가장 좋아하는 축구 선수는 / 손흥민이다. (my / soccer / Son Heung-min / favorite / is / player)

__________ __________ __________ __________ / __________ __________ __________.

STEP 2 **다음 문장에서 보어를 찾아 밑줄 긋고, 문장을 해석하시오.**

1 That is Stella's toothbrush.

2 I become sleepy after a long day.

3 We want our guests to feel comfortable.

4 The fine dust seems severe these days.

5 The baby's skin feels very soft and smooth.

6 The ice cream looks delicious on a hot day.

word 단어; *말 rude 무례한 favorite 가장 좋아하는 player 선수 toothbrush 칫솔 sleepy 졸리는 guest 손님 comfortable 편안한 fine 좋은; *미세한 severe 심각한 these days 요즘에는 soft 부드러운 smooth 매끈한

정답 및 해설 p.9

STEP 3

1 밑줄 친 우리말에 맞게 ( ) 안의 단어를 배열하여 문장을 완성하시오.

Traditionally, Thai people celebrate New Year's Day in April. In that month, they hold a New Year's festival for three days. Its name is **Songkran**. During Songkran, people throw water on others. They also throw water on buses and homes. However, <u>사람들은 그 물싸움에 대해 화를 내지 않는다</u>. During Songkran, throwing water means good luck for the new year.

*Thai 태국의

____

(angry / do not / about the water fights / people / get)

Reading Q 윗글의 주제로 가장 적절한 것은?

① 태국의 새해 축제 ② 태국의 전통 놀이
③ 다양한 태국의 축제들

NEW 내신기출

2 밑줄 친 ①~④ 중 어법상 <u>틀린 2개</u>를 찾아 해당 번호를 쓰고 바르게 고쳐 쓰시오.

Ironing seems ① <u>boring</u>. But for some people, it is extremely ② <u>exciting</u>! They iron clothes on mountain tops or snowboarding slopes. Some people even iron in the middle of a river! This is ***Extreme Ironing***. It looks ③ <u>dangerously</u>. But participants love it. For them, it is **a fun hobby**. They feel ④ <u>happily</u> with this hobby.

번호	적절하지 않은 단어	고쳐 쓴 단어

1 traditionally 전통적으로 celebrate 기념하다, 축하하다 festival 축제 throw 던지다 mean 의미하다 good luck 행운 fight 싸우다; *싸움
2 ironing 다리미질(*v.* iron 다리미질을 하다) extremely 극히, 매우 mountain top 산꼭대기 slope 비탈, 경사면 participant 참가자

Point 03 목적격보어_명사와 형용사

목적격보어는 **목적어를 보충 설명하는 말**로 목적어 뒤에 오며, **명사(구)**나 **형용사**가 쓰일 수 있다.

목적격보어를 쓰는 동사	call, name, make, keep, leave, consider, find 등

139 She names / her guitar **Melody**.
S V O OC
그녀는 이름 짓는다 / 그녀의 기타를 Melody라고

140 I find / the mattress **too hard**.
S V O OC
나는 생각한다 / 그 매트리스가 너무 딱딱하다고

141 Dessert makes / me **happy**.
S V O OC
디저트는 만든다 / 나를 행복하게

142 Most students consider / homework **difficult**.
S V O OC
대부분의 학생들은 생각한다 / 숙제가 어렵다고

다음 문장에서 목적격보어를 찾아 밑줄 긋고, 문장을 해석하시오.

정답 및 해설 p.10

143 Dean finds / this book useful.
Dean은 생각한다 / 이 책이 유용하다고

144 My mother still calls me “baby.”

145 Sweaters keep you warm in cold weather.

146 Please leave this box empty.

147 People consider Albert Einstein a genius.

148 Don’t worry! Your English teacher finds your essay impressive.

구문 해석 기법

□ 「동사+목적어+명사 보어」는 ‘목적어를 보어라고[보어로] ~하다’로 해석한다.

□ 「동사+목적어+형용사 보어」는 ‘목적어를 보어하게[보어하다고] ~하다’로 해석한다.

다음 문장의 네모 안에서 어법상 알맞은 것을 고르고, 문장을 해석하시오.

149 Rules sometimes make people’s lives [hard / hardly]. However, they keep people [safe / safely].

150 I find the author’s new novel [interesting / interestingly]. Many people call it his best work.

keep 계속 있다[있게 하다] leave 떠나다; *(~한 상태로) 두다 find 찾다; *생각하다 hard 딱딱한 useful 유용한 still 아직 empty 빈 impressive 인상적인 sometimes 때때로, 가끔 author 작가 novel 소설 work 일; *작품

Point 04 목적격보어_to부정사

목적격보어로 쓰인 **to부정사(to-v)**는 **목적어의 행동이나 상태를 보충 설명**한다.

목적격보어로 to부정사를 쓰는 동사	want, expect, tell, ask, teach, order, allow 등

151 I want / him **to call me**.
S V O OC
나는 원한다 / 그가 나에게 전화하기를

152 My students expect / me **to finish class early**.
S V O OC
나의 학생들은 기대한다 / 내가 수업을 일찍 끝내기를

다음 문장에서 목적격보어를 찾아 밑줄 긋고, 문장을 해석하시오.

정답 및 해설 p.11

153 He always tells / us to check our answers twice.
그는 항상 말한다 / 우리에게 답을 두 번 확인하라고

154 Julian wants you to join the science club.

155 My father always tells me to help other people.

156 My neighbor sometimes asks me to look after his dog.

157 She teaches her children to keep their rooms clean.

158 Oscar wants his daughter to be happy.

> **구문 해석 기법**
> □ 「동사+목적어+to부정사 보어」는 '목적어가[에게] 보어하기를[하라고] ~하다'로 해석한다.

다음 문장의 네모 안에서 어법상 알맞은 것을 고르고, 문장을 해석하시오.

159 I expect all of my friends [come / to come] to my birthday party tomorrow.

160 E-books allow us [reading / to read] books anywhere. I want more people [using / to use] them.

expect 기대하다 order 지시하다; 주문하다 allow 허락하다; *가능하게 하다 class 학급; *수업 twice 두 번 join 가입하다 club 동아리 look after 돌보다 e-book 전자책 anywhere 어디에서나

Unit Practice

STEP 1. **직독직해에 맞게 ( ) 안의 단어를 배열하시오.**

1 그 느린 음악은 만든다 / 우리를 졸리게 (sleepy / makes / the slow music / me)

_______ _______ _______ _______ / _______ _______.

2 사람들은 부른다 / Jason을 전문가라고 (call / an expert / people / Jason)

_______ _______ / _______ _______ _______.

3 모두가 원한다 / 그 전쟁이 끝나기를 (to end / everyone / the war / wants)

_______ _______ / _______ _______ _______ _______.

4 나의 아버지는 항상 말씀하신다 / 나에게 다른 사람들을 도우라고 (always / my / to help / tells / other / father / me / people)

_______ _______ _______ _______ / _______ _______

_______ _______ _______.

STEP 2. **다음 문장에서 보어를 찾아 밑줄 긋고, 문장을 해석하시오.**

1 I consider this place my real home.

2 I expect him to keep his promises.

3 My teacher always tells us to be quiet.

4 We find the bus crowded during rush hour.

5 A heavy rainfall leaves the streets slippery.

6 This new camera allows us to take high-quality pictures.

expert 전문가 end 끝나다 real 진짜의; *진정한 crowded 붐비는 rush hour 혼잡 시간대, 러시아워 heavy rainfall 폭우 slippery 미끄러운 high-quality 고품질의

STEP 3

1 밑줄 친 우리말에 맞게 ( ) 안의 단어를 배열하여 문장을 완성하시오.

Every year, athletes run a race in the Sahara Desert. People named the race ***Marathon des Sables***. The athletes run 249 kilometers over six days. Of course, <u>더운 날씨가 경주를 힘들게 만든다</u>. The runners also carry heavy backpacks with food, water, and emergency items. The race is a big challenge. However, many people join the race each year.

*the Sahara Desert 사하라 사막

____

(the race / hard / makes / the hot weather)

Reading Q Marathon des Sables에 관한 윗글의 내용과 일치하지 <u>않는</u> 것은?

① 사하라 사막에서 열린다.
② 출전 자격은 엄격히 제한된다.
③ 무거운 배낭을 메고 달린다.

NEW 내신기출

2 (A), (B)의 ( ) 안의 단어를 문맥에 맞게 배열하고 해석하시오.

Do you want a robot friend? Then visit the Chicago Public Library. (A) (allows / it / to borrow / small / you / robots). These robots really move. They walk, run, and even draw. Controlling them is easy. Even kids can do it. The library (B) (people / about technology / to learn / expects) from the robots.

	단어 배열	해석
(A)		
(B)		

1 athlete (육상) 선수 run a race 경주하다 carry 옮기다; *가지고 다니다 emergency 비상, 응급 item 물품 challenge 도전 join 연결하다; *참가하다
2 public 공공의 library 도서관 borrow 빌리다 draw (그림을) 그리다 control 조종하다 technology 기술

Wrap Up

정답 및 해설 p.12

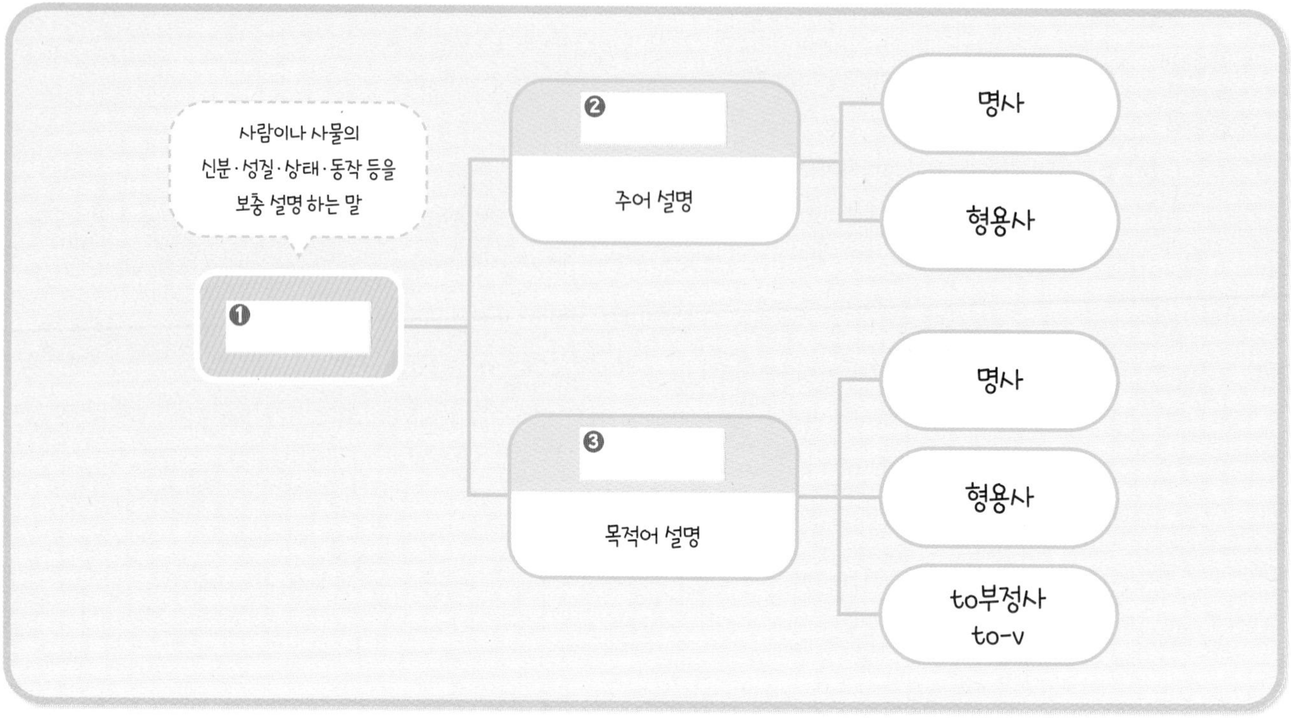

주요 예문을 다시 한번 확인하고, 우리말에 맞게 ( ) 안의 단어를 사용하여 문장을 쓰시오.

1 이 쿠키들은 달콤한 향이 난다. (smell / sweet / cookies) Point 01

2 이 연못은 깊어 보인다. (deep / pond / looks) Point 02

3 그녀는 그녀의 기타를 Melody라고 이름 짓는다. (guitar / names) Point 03

4 나는 그 매트리스가 너무 딱딱하다고 생각한다. (find / too / the mattress / hard) Point 03

5 나는 네가 여기에 오기를 원한다. (want / here / come) Point 01

6 나의 학생들은 내가 수업을 일찍 끝내기를 기대한다. (students / finish / early / expect / class) Point 04

UNIT 05

동사의 시간 표현

동작이 일어나는 시간을 동사에 표현

시제

- **현재시제**: 현재의 상태 / 습관 / 일반적 사실 / 진리
- **과거시제**: 이미 일어난 일 / 역사적 사실
- **미래시제**: 앞으로 일어날 일
- **진행형**: 특정 시점에 일어나고 있는 일
  - 현재진행
  - 과거진행
  - 미래진행

Point 01 현재시제

현재시제는 **현재의 상태·습관, 일반적인 사실, 변하지 않는 진리** 등을 나타낸다. be동사는 **am/are/is**, 일반동사는 **동사원형** 또는 **「동사원형-(e)s」**로 표현한다.

161 My mom **works** / at a hospital / as a doctor.
S V M_1 M_2
나의 엄마는 일하신다 / 병원에서 / 의사로

Tip
주어가 3인칭 단수일 때 일반동사의 현재형은 「동사원형-(e)s」로 쓴다.

162 Tom **gets up** / at 7:00 a.m.
S V M
Tom은 일어난다 / 오전 7시에

163 Parents **love** / their children.
S V O
부모는 사랑한다 / 그들의 자식들을

164 Water **boils** / at 100℃.
S V M
물은 끓는다 / 섭씨 100도에서

다음 문장에서 현재시제를 나타내는 동사에 밑줄 긋고, 문장을 해석하시오.

정답 및 해설 p.12

165 I feel sorry / about her situation.
나는 유감이다 / 그녀의 처지에 대해

구문 해석 기법
□ 현재시제는 '~이다, ~하다'로 해석한다.

166 Japan is an island country.

167 We remember his birthday.

168 Pineapples grow in warm weather.

169 My dad drinks coffee in the morning.

170 I go to church on Sunday. I pray for my family there.

다음 문장의 네모 안에서 어법상 알맞은 것을 고르고, 문장을 해석하시오.

171 Jessica [is / be] sleepy now. She [want / wants] to take a nap.

172 He [eats / eat] breakfast every day. It [helps / help] him to stay healthy.

boil 끓다 sorry 미안한; *유감스러운 situation 상황, 처지 island 섬 remember 기억하다 church 교회 pray 기도하다 take a nap 낮잠을 자다 stay 계속 있다; * ~인 채로 있다 healthy 건강한

Point 02 과거시제

과거시제는 **이미 끝난 과거의 동작·상태, 역사적인 사실** 등을 나타낸다. be동사는 **was/were**, 일반동사는 **「동사원형-(e)d」** 또는 **동사의 불규칙 과거형**으로 표현하며, 과거 시점을 나타내는 부사와 함께 쓰이기도 한다.

173 I **watched** the movie.
S V O
나는 그 영화를 보았다.

174 Noah **was** happy / with the news.
S V SC M
Noah는 행복했다 / 그 소식에

175 My uncle **bought** a car / last week.
S V O M
나의 삼촌은 차 한 대를 사셨다 / 지난주에

Tip
과거 시점을 나타내는 부사
yesterday, ago, last night/week/month 등

176 In 1492, / Columbus **discovered** America.
M S V O
1492년에, / 콜럼버스가 미대륙을 발견했다.

다음 문장에서 과거시제를 나타내는 동사에 밑줄 긋고, 문장을 해석하시오.

정답 및 해설 p.13

177 We helped / the old lady.
우리는 도와드렸다 / 그 노부인을

178 Kate's babies were very sick last night.

179 She ordered food an hour ago.

180 Jacob went to New York in April.

181 In the past, horses carried luggage and people.

182 Mozart lived from 1756 to 1791. He composed many great works.

구문 해석 기법

☐ 과거시제는 '~이었다, ~했다'로 해석한다.

다음 문장의 네모 안에서 어법상 알맞은 것을 고르고, 문장을 해석하시오.

183 The snow fell heavily [yesterday / now]. I [make / made] a snowman with my friends.

184 Uruguay [holds / held] the first World Cup in 1930. It was also the winner.

discover 발견하다 order 명령하다; *주문하다 past 과거 carry 가지고 다니다; *나르다 luggage 짐 compose 작곡하다 work 일하다; *작품
fall 떨어지다, 내리다(-fell-fallen) heavily 아주 많이 snowman 눈사람 hold 잡다; *(회의·시합 등을) 개최하다(-held-held) winner 우승자

Unit Practice

STEP 1 **직독직해에 맞게 ( ) 안의 단어를 배열하시오.**

1 Angela는 세탁을 한다 / 주말마다 (her / weekend / does / laundry / Angela / every)

______ ______ ______ ______ / ______ ______.

2 파인애플은 자란다 / 따뜻한 날씨에서 (in warm weather / pineapples / grow)

______ ______ / ______ ______ ______.

3 그는 그의 엄마에게 사 드렸다 / 약간의 꽃을 / 어머니 날에 (flowers / bought / he / mom / for Mother's Day / his / some)

______ ______ ______ ______ / ______ ______ /

______ ______ ______.

4 나는 돌아왔다 / 한국으로 / 일주일 전에 (to Korea / ago / came back / I / a week)

______ ______ ______ / ______ ______ / ______

______ ______.

STEP 2 **다음 문장에서 시제를 나타내는 동사를 찾아 밑줄 긋고, 문장을 해석하시오.**

1 Stress is bad for your health.

2 My family visited Madrid last year.

3 My grandparents live near my house.

4 Long ago, Egyptians built a lot of pyramids.

5 I give my puppy a hug every morning before school.

6 We named our new cat Max after our favorite book character.

laundry 세탁물; *세탁 buy 사다, 사 주다(-bought-bought) Mother's Day 어머니 날 come back 돌아오다 visit 방문하다 Egyptian 이집트 사람 pyramid 피라미드 hug 껴안음, 포옹 character 성격, 특징; *등장인물

정답 및 해설 p.13

STEP 3

1 밑줄 친 ①~④ 중 어법상 틀린 것을 고르시오.

Three months ago, I ① moved from Mexico to Texas. At first, everything **felt** strange. I **did not know** anyone, and I ② speak only Spanish. But now everything ③ is different. I **have** some friends at school. They **are** kind to me. They **teach** me English too! These days, I ④ love my life in Texas.

Reading Q 윗글에 드러난 'I'의 심경 변화로 가장 적절한 것은?

① sad → angry
② hopeful → worried
③ nervous → happy

NEW 내신기출

2 밑줄 친 ①~④ 중 어법상 틀린 2개를 찾아 해당 번호를 쓰고 바르게 고쳐 쓰시오.

Last night, I ① am in bed. I **heard** a strange noise from outside. "Who **is** there?" I **shouted**. Suddenly there **was** a flash of light. Then I ② saw a ghost at my window! I **hid** under my blanket. I ③ yell for my parents. But there **was** no reply. I ④ felt so scared.

번호	적절하지 않은 단어	고쳐 쓴 단어

1 at first 처음에는 strange 이상한; *낯선 anyone 누구, 아무 Spanish 스페인어 different 다른 these days 요즘(에는)
2 noise (시끄러운) 소리 suddenly 갑자기 flash 번쩍임 ghost 귀신 hide 숨다(-hid-hidden) blanket 담요 yell 소리지르다, 외치다 reply 대답

Point 03

진행형

진행형은 **특정한 시점에 일어나고 있는 동작**을 나타내며, be동사의 시제에 따라 **현재진행**과 **과거진행**으로 나뉜다. 진행형의 부정형은 「**be동사+not+v-ing**」로 표현한다.

현재진행	am/are/is+v-ing	과거진행	was/were+v-ing

185 Judy **is driving** / her car.
S V O
Judy는 운전하는 중이다 / 그녀의 차를

186 We **are playing** badminton / now.
S V O M
우리는 배드민턴을 치고 있다 / 지금

187 Molly **was taking** a walk / in the park.
S V O M
Molly는 산책하는 중이었다 / 공원에서

188 They **were dancing** / on the stage.
S V M
그들은 춤추고 있었다 / 무대 위에서

다음 문장에서 진행형을 나타내는 동사에 밑줄 긋고, 문장을 해석하시오.

정답 및 해설 p.14

189 Eliana is writing a letter.
Eliana는 편지를 쓰고 있다.

190 I was waiting for the subway.

191 We were listening to music then.

192 He was not swimming at that time.

193 Currently, the students are taking a test.

194 I am cleaning my room. But my roommate is playing computer games.

구문 해석 기법

- ☐ 현재진행은 '~하는 중이다, ~하고 있다'로 해석한다.
- ☐ 과거진행은 '~하는 중이었다, ~하고 있었다'로 해석한다.

다음 문장의 네모 안에서 어법상 알맞은 것을 고르고, 문장을 해석하시오.

195 Our friend [is / was] running in the race, and we were cheering on the bench.

196 Evan [is / was] playing the guitar on the grass. Some people are [sit / sitting] around him.

take a walk 산책하다 then 그때 at that time 그때 currently 현재, 지금 race 경주 cheer 환호하다 grass 잔디 around 주위에

Point **04**

미래시제

미래시제는 **미래에 일어날 동작·상태**를 나타내며, 「**will + 동사원형**」 또는 「**be동사 + going to + 동사원형**」으로 표현한다. 미래 시점을 나타내는 부사와 함께 쓰이기도 하며, 미래진행은 「**will be + v-ing**」로 표현한다.

197 Ken **will go** to school / early / tomorrow.
S V M_1 M_2 M_3
Ken은 학교에 갈 것이다 / 일찍 / 내일

198 Eva **is going to buy** it / online.
S V O M
Eva는 그것을 살 것이다 / 온라인으로

199 He **will be working** / at home.
S V M
그는 일하고 있을 것이다 / 집에서

200 She **will not[won't] tell** you / her secret.
S V IO DO
그녀는 너에게 말하지 않을 것이다 / 그녀의 비밀을

201 I **am not going to clean** / my desk / tonight.
S V O M
나는 청소하지 않을 것이다 / 내 책상을 / 오늘 밤에

Tip
미래시제 부정형 (~하지 않을 것이다)
① 「will + 동사원형」의 부정형
: will not[won't] + 동사원형
② 「be동사 + going to + 동사원형」의 부정형
: be동사 + not + going to + 동사원형

다음 문장에서 미래시제를 나타내는 동사에 밑줄 긋고, 문장을 해석하시오.

정답 및 해설 p.14

202 I will visit Sydney / this summer vacation.
나는 시드니를 방문할 것이다 / 이번 여름 방학에

203 He will receive an award soon.

204 Tony won't go to the concert with you.

205 Leo is going to get a haircut today.

206 Sue will be doing homework around 7:00 p.m.

207 We are going to have a party. We will invite many friends.

구문 해석 기법
☐ 미래시제는 '~할 것이다, ~할 예정이다'로 해석한다.
☐ 미래진행은 '~하고 있을 것이다'로 해석한다.

다음 문장의 네모 안에서 어법상 알맞은 것을 고르고, 문장을 해석하시오.

208 I [will go not / will not go] anywhere tomorrow. I will [be read / be reading] a book at home.

209 A new restaurant will [open / opens] soon. It will [be / being] the first Korean restaurant in my town.

receive 받다 award 상 soon 곧 get a haircut 이발하다 around 약, ~쯤 have a party 파티를 열다 anywhere 어디에도

Unit Practice

STEP 1 **직독직해에 맞게 ( ) 안의 단어를 배열하시오.**

1 나의 강아지는 누워 있다 / 잔디밭 위에 (lying / puppy / is / on the lawn / my)

_______ _______ _______ _______ / _______ _______ _______.

2 Leo는 이발할 것이다 / 오늘 (is going to / today / get / Leo / a haircut)

_______ _______ _______ _______ _______ _______

_______ / _______.

3 그녀는 입고 있었다 / 빨간 드레스를 (wearing / she / a red dress / was)

_______ _______ _______ / _______ _______ _______.

4 나는 구입할 것이다 / 새로운 자전거를 / 다음 달에 (will / month / I / buy / a new bicycle / next)

_______ _______ _______ / _______ _______ _______ /

_______ _______.

STEP 2 **다음 문장에서 시제를 나타내는 동사를 찾아 밑줄 긋고, 문장을 해석하시오.**

1 The monkey is holding bananas.

2 Lizzy is going to stay home alone.

3 We were walking along the beach.

4 The train won't stop at this station.

5 They are having a barbecue in the backyard.

6 He was practicing his guitar, and then his parents came home.

lie 누워 있다(-lay-lain) lawn 잔디밭 hold 잡고[들고] 있다 stay 머무르다 alone 혼자 along ~을 따라 beach 해변 station 역 barbecue 바비큐; *바비큐 파티 backyard 뒷마당 practice 연습하다

정답 및 해설 p.15

STEP 3

1 밑줄 친 우리말 (A), (B)에 맞게 ( ) 안의 단어를 사용하여 문장을 완성하시오. (필요시 형태를 바꿔 쓸 것)

Boracay is a beautiful island in the Philippines. However, (A) 그곳은 자연의 아름다움을 잃고 있다. It was once a special, secret place. But tourists began visiting Boracay in the 1970s. Then people developed it as a tourist attraction. They cut down trees and built resorts. Now (B) 그 섬은 환경 문제로 고통받고 있다.

(A) ______________________________
(it / lose / natural / its / beauty)

(B) ______________________________
(problems / from / suffer / the island / environmental)

Reading Q 보라카이에 관한 윗글의 내용과 일치하지 않는 것은?

① 한때 특별하고 비밀스러운 곳이었다.
② 1970년대부터 관광객들이 방문하였다.
③ 환경 문제 때문에 나무를 베지 못하게 했다.

NEW 내신기출

2 밑줄 친 우리말 (A), (B)를 조건에 맞게 써서 각 문장을 완성하시오.

Today is Arbor Day. Sophia and her brother Ronaldo **are going to plant** an apple tree. (A) 그들은 구덩이를 파고 있다 in the backyard now. Sophia **is putting** the tree into the hole. Now Ronaldo **is watering** it. In a few years, the tree **will grow** apples. Then (B) Sophia와 Ronaldo는 그것들을 먹을 것이다!

*Arbor Day 식목일

조건
· 시제를 쓸 것
· 제시된 단어를 사용할 것 (필요시 형태를 바꿔 쓸 것)
· a hole / are / them / eat / dig
· (A) 5단어, (B) 6단어로 쓸 것

	시제	완성된 문장
(A)		
(B)		

1 once 한 때 tourist 관광객 develop 개발하다 tourist attraction 관광지 lose 잃다 natural 자연의 suffer 고통받다 environmental 환경의
2 plant 식물; *(나무 등을) 심다 hole 구덩이 water 물; *물을 주다 dig 파다

Wrap Up

정답 및 해설 p.16

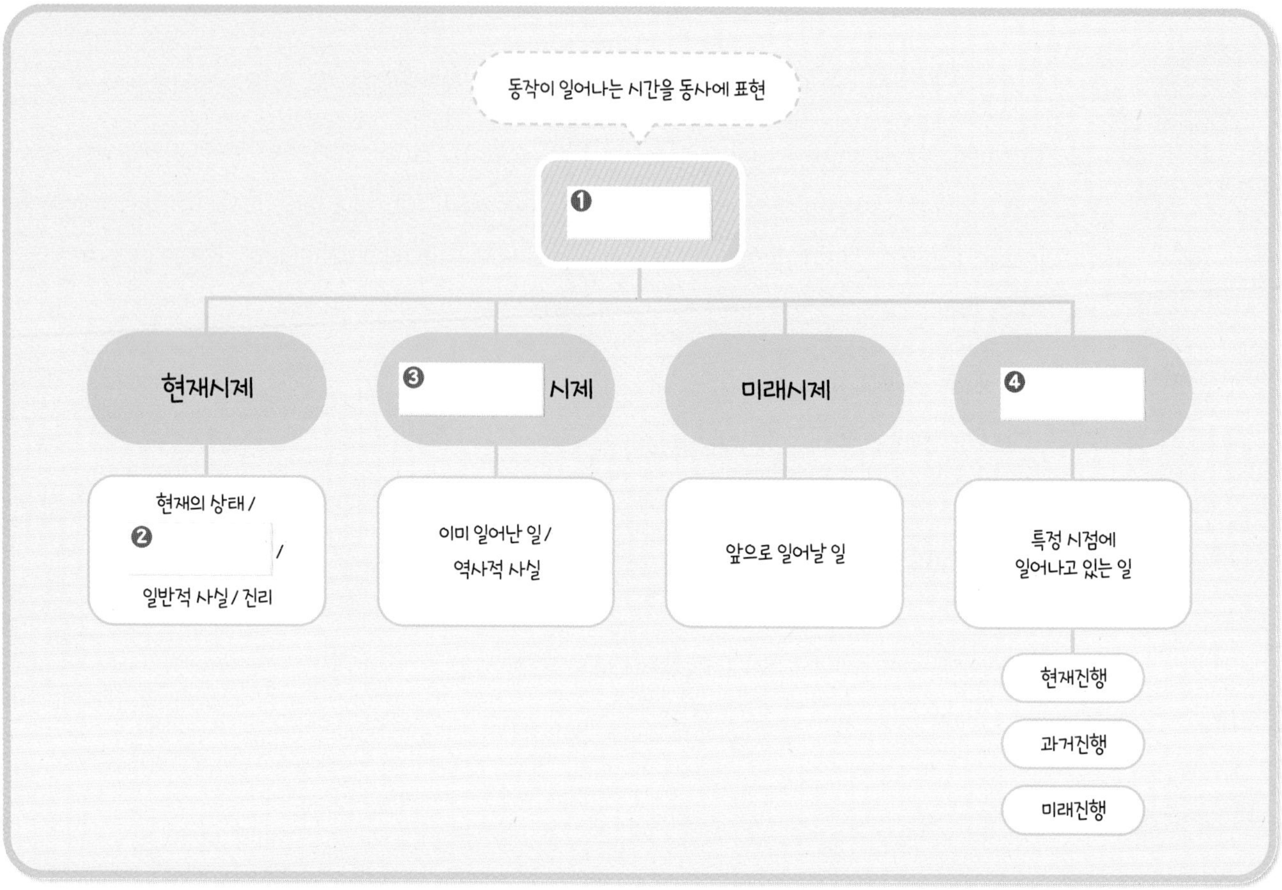

주요 예문을 다시 한번 확인하고, 우리말에 맞게 (　) 안의 단어를 사용하여 문장을 쓰시오.

1 Tom은 오전 7시에 일어난다. (at 7:00 a.m. / gets up) Point 01

2 우리는 지금 배드민턴을 치고 있다. (playing / now / badminton) Point 03

3 나의 삼촌은 지난주에 차 한 대를 사셨다. (a car / last / bought / uncle / week) Point 02

4 그는 집에서 일하고 있을 것이다. (working / at home) Point 04

5 Molly는 공원에서 산책하는 중이었다. (a walk / in the park / taking) Point 03

6 Eva는 온라인으로 그것을 살 것이다. (buy / online / going to) Point 04

UNIT 06

조동사

Point 01 will
Point 02 can
Point 03 may
Point 04 must, have to, should

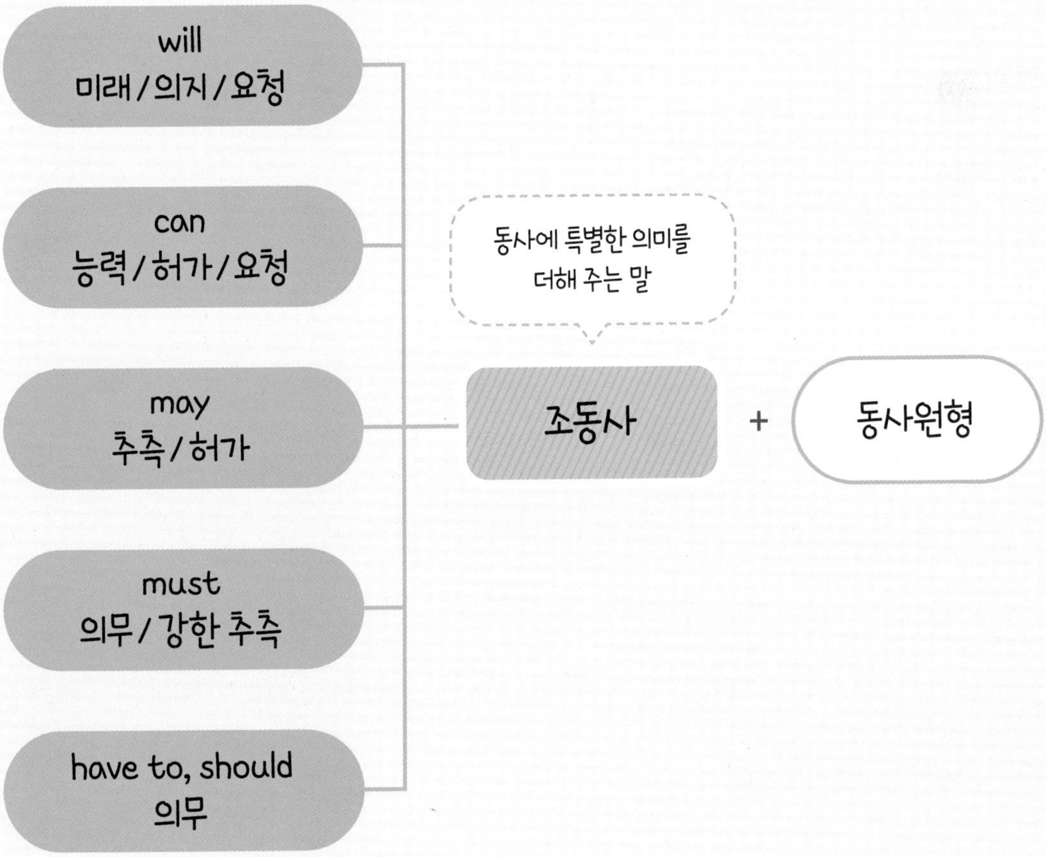

Point 01 will

will은 동사에 **미래**(~할 것이다), **주어의 의지**(~할 것이다, ~하겠다), **요청**(~해 줄래/주시겠어요?)의 의미를 더하며, 「**will + 동사원형**」으로 쓴다.

• will을 사용하여 요청할 때 「Will/Would you ~?」 형태로 쓰며, 「Would you ~?」가 더 공손한 표현이다.

210 The weather **will** be fine / tomorrow.
S V SC M
날씨가 좋을 것이다 / 내일

211 I **will** read two books / every month.
S V O M
나는 두 권의 책을 읽을 것이다 / 매달

212 They **will not[won't]** go / to her birthday party.
S V M
그들은 가지 않을 것이다 / 그녀의 생일 파티에

Tip will의 부정: will not[won't]

213 **Will** you tell me / the answer?
V S IO DO
나에게 말해 줄래 / 답을

밑줄 친 부분에 유의하여 다음 문장을 해석하시오.

정답 및 해설 p.16

214 They will be busy / next week.
그들은 바쁠 것이다 / 다음 주에

215 Would you listen to my story?

216 Eleanor will win first prize in the contest.

217 I won't be late for school again.

218 Will you help me carry these boxes upstairs?

219 He will become a great nurse in the future.

다음 문장의 네모 안에서 어법상 알맞은 것을 고르고, 문장을 해석하시오.

220 Ezra [will save / will saves] up money to buy a skateboard by the end of the year.

221 [Will you come / Will come you] to my house tomorrow? I will prepare some snacks.

answer 대답; *(해)답 first prize 1등(상) contest 대회 carry 나르다 save up (돈을) 모으다 prepare 준비하다 snack 간식

Point 02 can

can은 동사에 **능력**(~할 수 있다), **허가**(~해도 된다), **요청**(~해 줄래/주시겠어요?)의 의미를 더하며, **「can + 동사원형」**으로 쓴다.
- can이 능력(~할 수 있다)의 의미일 때는 「be동사 + able to + 동사원형」으로 바꿔 쓸 수 있다.
- can을 사용하여 부탁할 때 「Can/Could you ~?」 형태로 쓰며, 「Could you ~?」가 더 공손한 표현이다.

222 I **can** fix / the machine.
S V O
나는 고칠 수 있다 / 그 기계를

223 Henry **cannot** speak / German.
S V O
Henry는 말하지 못한다 / 독일어를

Tip can의 부정: cannot[can't]

224 You **can** eat / my cake.
S V O
너는 먹어도 된다 / 내 케이크를

225 **Could** you close / the window?
V S O
닫아 주시겠어요 / 창문을

밑줄 친 부분에 유의하여 다음 문장을 해석하시오.

정답 및 해설 p.16

226 My dog can jump / high.
나의 개는 뛸 수 있다 / 높이

227 Andy is able to drive a car.

228 You can use my computer.

229 Can we meet at 2:00 p.m. tomorrow?

230 Could you send this letter to Lucy?

231 Can I borrow your book for a moment?

구문 해석 기법

☐ 「Can I ~?」는 상대에게 '허가'를 구하는 표현으로 '내가 ~해도 되니[될까요]?'로 해석한다.

다음 문장의 네모 안에서 어법상 알맞은 것을 고르고, 문장을 해석하시오.

232 I can't move this table. [Can you move / Can move you] it for me?

233 My baby brother [be able to / is able to] say some words.

fix 수리하다, 고치다 machine 기계 German 독일의; *독일어 send 보내다 borrow 빌리다 moment 잠깐, 잠시

Point 03

may

may는 동사에 **추측**(~일지도 모른다), **허가**(~해도 된다)의 의미를 더하며, 「**may + 동사원형**」으로 쓴다.

234 Arthur **may** have / the key.
S V O
Arthur가 가지고 있을지도 모른다 / 열쇠를

235 She **may not** believe / you.
S V O
그녀는 믿지 않을지도 모른다 / 너를

Tip may의 부정: may not

236 You **may** go / home / now.
S V M_1 M_2
너는 가도 된다 / 집에 / 지금

237 **May** I use / your pen?
V S O
제가 써도 될까요 / 당신의 펜을

밑줄 친 부분에 유의하여 다음 문장을 해석하시오. 정답 및 해설 p.17

238 May I sit / here?
제가 앉아도 될까요 / 여기에

239 You may take this cup for free.

240 Liz may know Freddie's address.

241 She may consider him her best friend.

242 You may not use your phone in class.

243 He may not be able to join us this trip.

다음 문장의 네모 안에서 어법상 알맞은 것을 고르고, 문장을 해석하시오.

244 Breathing in and out slowly [may you help / may help you] relax.

245 The snow [mayn't / may not] stop soon. So you may [need / needs] to stay here until tomorrow.

---

for free 공짜로 consider 여기다, 생각하다 class 학급; *수업 join 합쳐지다; *함께하다 breathe in[out] 숨을 들이[내]쉬다 relax 진정하다 until ~까지

Point 04 must, have to, should

must, have to, should는 동사에 **의무**(~해야 한다)의 의미를 더하며, 「**must/have to/should + 동사원형**」으로 쓴다.

• should는 must, have to보다 **가벼운 의무 및 충고**(~해야 한다, ~하는 것이 좋다)의 의미를 가지고 있다.

• must는 **강한 확신**(~임이 틀림없다)의 의미를 나타내기도 한다.

246 You **must** wear / a seat belt / for your safety.
S V O M
너는 착용해야 한다 / 안전띠를 / 너의 안전을 위해

247 Gloria **must** be nervous / now.
S V SC M
Gloria는 긴장한 것이 틀림없다 / 지금

248 He **has to** work / this Sunday.
S V M
그는 일해야 한다 / 이번 주 일요일에

Tip have to는 주어가 3인칭 단수이고 현재시제일 때는 has to로, 과거시제는 had to로 표현

249 Peter **should** finish / his homework / first.
S V O M
Peter는 끝내는 것이 좋다 / 그의 숙제를 / 먼저

밑줄 친 부분에 유의하여 다음 문장을 해석하시오. 정답 및 해설 p.17

250 I must leave / at 10:00 p.m.
나는 떠나야 한다 / 밤 10시에

251 You must pay for the food.

252 You should stop skipping breakfast.

253 Michael had to follow the team rules.

254 They don't have to attend this meeting.

255 George must be sleeping now. He's snoring very loudly.

구문 해석 기법

☐ must not[mustn't]과 should not[shouldn't]은 금지를 나타내며, '**~해서는 안 된다**'로 해석한다.

☐ don't/doesn't have to는 불필요를 나타내며, '**~할 필요가 없다**'로 해석한다.

다음 문장의 네모 안에서 어법상 알맞은 것을 고르고, 문장을 해석하시오.

256 Jay should not [waste / wastes] money. He [don't has to / doesn't have to] buy more clothes.

257 We have to [get / getting] up early tomorrow. We [must not / don't have to] miss our flight.

nervous 긴장한 skip 깡충깡충 뛰다; *(일을) 거르다 attend 참석하다 snore 코를 골다 loud 큰, 시끄러운(*ad.* loudly) waste 낭비하다 miss 놓치다

Unit Practice

STEP 1 **직독직해에 맞게 ( ) 안의 단어를 배열하시오.**

1 그녀는 틀림없다 / 매우 아픈 것이 (very / must / sick / she / be)

______ ______ ______ / ______ ______.

2 Connor는 아빠가 될 것이다 / 곧 (become / will / soon / a father / Connor)

______ ______ ______ ______ ______ / ______.

3 당신이 보내 주시겠어요 / 이 편지를 / Lucy에게 (you / letter / send / could / to Lucy / this)

______ ______ ______ / ______ ______ / ______ ______?

4 너는 무엇이든 골라도 된다 / 이 상자에서 (may / you / choose / in this box / anything)

______ ______ ______ ______ / ______ ______ ______.

STEP 2 **다음 문장에서 동사를 찾아 밑줄 긋고, 문장을 해석하시오.**

1 We may arrive there early.

2 Can you give me a ride to the airport?

3 You should be quiet in the library.

4 Joey doesn't have to buy a new backpack.

5 You must not copy someone else's homework.

6 I won't tell lies to my parents again.

sick 아픈 become ~이 되다 choose 선택하다, 고르다 anything 무엇이든 arrive 도착하다 airport 공항 library 도서관 copy 복사하다; *베끼다 else 다른 tell a lie 거짓말하다

STEP 3

1 밑줄 친 ①~④ 중 문맥상 어색한 것을 고르시오.

There is a special restaurant in China. Inside, you ①will find human workers. But you **have to** talk to robots in this restaurant. You ②can find some robots in the kitchen. Other robots welcome customers. What's more, robots **will** even be your servers. The robots ③may understand basic words and take meal orders. Maybe all restaurants ④will be like this someday!

Reading Q 윗글의 제목으로 가장 적절한 것은?
① A Restaurant with Robot Staff
② The First Restaurant for Robots
③ Roles of Robots in the Kitchen

NEW 내신기출

2 밑줄 친 우리말 (A), (B)에 맞게 보기 의 단어를 배열하여 각 문장을 완성하시오.

Let's make dirt cake! First, you **should** put plastic wrap in a flowerpot. (A) 당신은 바닥에 있는 구멍을 가려야 한다. Next, crush chocolate cookies and put them in the pot. Place vanilla ice cream over them. Add more cookies and ice cream. Remember, the top **should** be cookies. (B) 마지막으로, 당신은 그것을 벌레 모양 젤리들로 장식할 수 있다. It **will** look like a real pot.

보기 have / it / you / to / can / cover / decorate / you

(A) ______________________ the bottom hole.

(B) Finally, ______________________ with gummy worms.

1 inside 안에(서) welcome 맞이하다 customer 손님 server 음식을 내주는 사람 take an order 주문을 받다 meal 식사 someday 언젠가 staff 직원
2 plastic wrap 비닐 랩 flowerpot 화분 crush 깨다, 부수다 place 장소; *두다 cover 가리다 decorate 장식하다 gummy worm 벌레 모양 젤리

Wrap Up

정답 및 해설 p.18

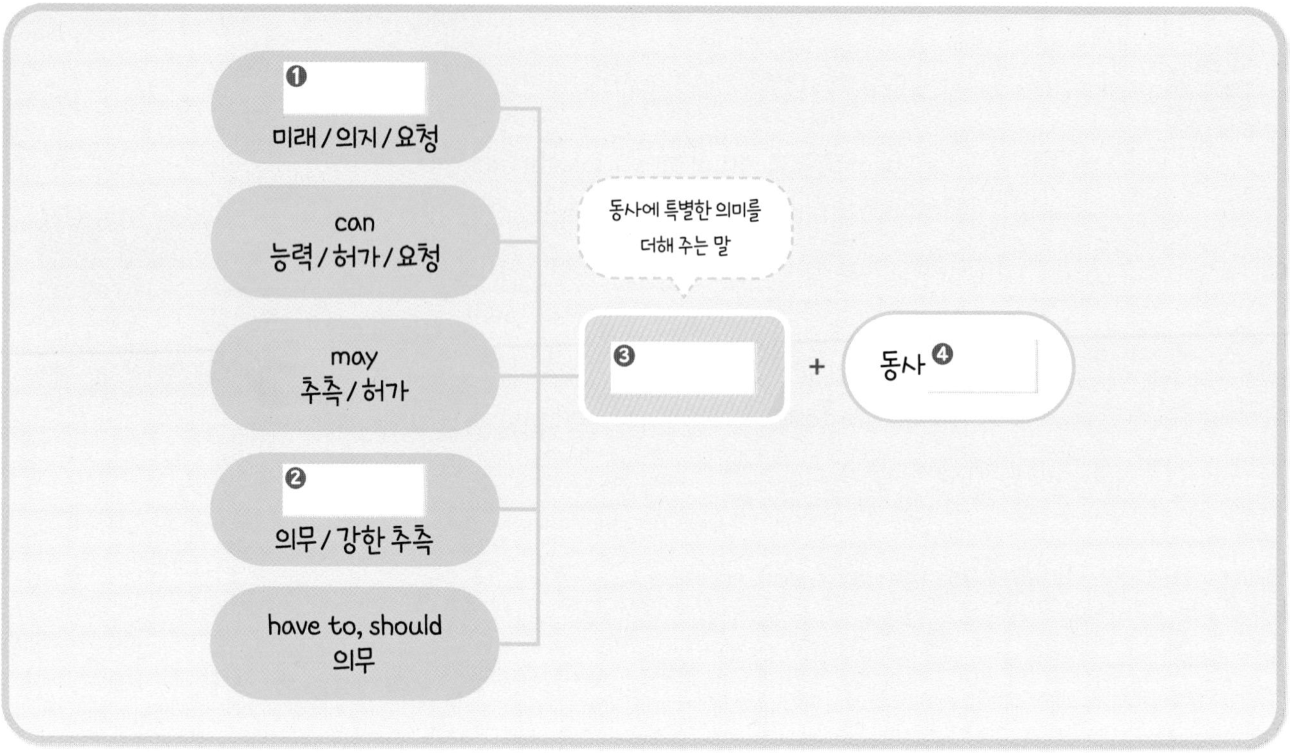

주요 예문을 다시 한번 확인하고, 우리말에 맞게 ( ) 안의 단어를 사용하여 문장을 쓰시오.

1 나는 매달 두 권의 책을 읽을 것이다. (month / read / books / every) Point 01

2 Henry는 독일어를 말하지 못한다. (German / speak) Point 02

3 그녀는 너를 믿지 않을지도 모른다. (believe) Point 03

4 제가 당신의 펜을 써도 될까요? (your pen / use) Point 03

5 Gloria는 지금 긴장한 것이 틀림없다. (now / nervous) Point 04

6 Peter는 먼저 그의 숙제를 끝내는 것이 좋다. (homework / finish / first) Point 04

UNIT 07

수식어의 이해

Point 01 형용사
Point 02 현재분사와 과거분사
Point 03 부사
Point 04 전치사구

Point 01 형용사

형용사(구)는 **명사 앞에서 명사를 수식**하며, **명사의 특징이나 수량**을 나타낸다.

수량을 나타내는 표현	(a) few, (a) little, some, any, many, much, a lot of, lots of 등

258 I watched / a **scary** movie / alone.
S V O M
나는 봤다 / 무서운 영화를 / 혼자

259 **Some** students / are talking / in the classroom.
S V M
몇몇 학생들이 / 이야기하고 있다 / 교실에서

260 She is wearing / a **big and colorful** T-shirt.
S V O
그녀는 입고 있다 / 크고 알록달록한 티셔츠를

다음 문장에서 명사를 수식하는 형용사(구)에 밑줄, 수식 받는 명사에 동그라미 하고, 문장을 해석하시오. 정답 및 해설 p.18

261 Ricky doesn't like / spicy food.
Ricky는 좋아하지 않는다 / 매운 음식을

262 He wants to be a famous actor.

263 Curious penguins were looking at the tourists.

264 She was sorry for the late response.

265 You should walk carefully on the wet floor.

266 Rachel and I had a special and wonderful time together.

> **구문 해석 기법**
> □ 「형용사(구)+명사」는 '~한[의] 명사'로 해석한다.

다음 문장의 네모 안에서 어법상 알맞은 것을 고르고, 문장을 해석하시오.

267 Ryan is a [wise / wisely] boy. He always gives me [advice lots of / lots of advice].

268 The [red umbrella and blue / red and blue umbrella] behind the door is mine.

colorful 알록달록한 spicy 매운 curious 호기심이 많은 tourist 관광객 response 응답, 답장 carefully 조심히 wet 젖은 floor 바닥 wonderful 멋진 wise 현명한 advice 조언, 충고

Point 02 현재분사와 과거분사

현재분사(v-ing)와 과거분사(v-ed)는 형용사처럼 **명사 앞에서 명사를 수식**할 수 있다.

현재분사	능동 및 진행의 의미 (~하는, ~하고 있는)
과거분사	수동 및 완료의 의미 (~된, ~해진)

269 The **crying** baby / is my cousin.
S / V SC
울고 있는 아기는 / 나의 사촌이다.

270 Jake opened / the **locked** door.
S V / O
Jake는 열었다 / 그 잠긴 문을

Tip 현재분사 vs. 동명사
- I saw a jumping rabbit. (현재분사)
(나는 뛰고 있는 토끼를 보았다.)
- Please stop jumping. (동명사)
(뛰는 것을 멈춰 주세요.)

다음 문장에서 분사에 밑줄, 수식 받는 명사에 동그라미 하고, 문장을 해석하시오.

정답 및 해설 p.19

271 I heard / the shocking news.
나는 들었다 / 그 충격적인 소식을

272 We can see a singing bird in the tree.

273 The old man collects fallen leaves.

274 The firefighter found an injured man.

275 She quickly answered the ringing phone.

276 I like looking out the window of a moving train.

구문 해석 기법

☐ 감정을 나타내는 동사(excite, shock, surprise, interest 등)의 현재분사는 '~한 (감정을 일으키는)'으로, 과거분사는 '(~한 감정을 느끼게) 된'으로 해석한다.

다음 문장의 네모 안에서 어법상 알맞은 것을 고르고, 문장을 해석하시오.

277 Jonny bought a [using / used] book. He found some [underlining / underlined] sentences in the book.

278 Amy prepared [chopping / chopped] potatoes. She put them in boiling water.

cousin 사촌 lock 잠그다 shock 충격을 주다 collect 모으다 fall 떨어지다(-fell-fallen) injure 부상을 입히다 answer 대답하다; *(전화를) 받다
underline 밑줄을 긋다 prepare 준비하다 chop 썰다(-chopped-chopped) boil (물 등이) 끓다

Unit Practice

STEP 1 **직독직해에 맞게 ( ) 안의 단어를 배열하시오.**

1 Bona는 들었다 / 이상한 소리를 (sound / heard / a / Bona / strange)

_________ _________ / _________ _________ _________.

2 그 노인은 모은다 / 떨어진 나뭇잎들을 (leaves / collects / man / fallen / old / the)

_________ _________ _________ _________ / _________ _________.

3 우리는 가지고 있다 / 약간의 사과들을 / 바구니에 (in the basket / have / some / we / apples)

_________ _________ / _________ _________ / _________ _________ _________.

4 자라는 아기는 필요로 한다 / 새로운 옷을 / 몇 개월마다 (new / needs / a / every / baby / months / growing / clothes / few)

_________ _________ _________ _________ / _________ _________ /

_________ _________ _________.

STEP 2 **다음 문장에서 명사를 수식하는 형용사(구) 또는 분사를 찾아 동그라미 하고, 문장을 해석하시오.**

1 The white snow is covering the ground.

2 He is a polite and intelligent student.

3 The exhausted runner looked thirsty.

4 We should repair the dripping faucet.

5 A boy threw a stone through the broken window.

6 I didn't eat breakfast, so my stomach made embarrassing noises all morning.

basket 바구니 cover 가리다; *덮다 ground 땅 polite 예의 바른 intelligent 총명한 exhausted 기진맥진한 thirsty 목이 마른 repair 수리하다 drip 물이 뚝뚝 떨어지다 faucet 수도꼭지 throw 던지다 stomach 위, 배 embarrassing 난처하게 하는

STEP 3

1 **밑줄 친 ①~④ 중 수식어가 아닌 것을 고르시오.**

Everyone loves ice cream. But when did eating this ① frozen dessert start? It started thousands of years ago in the **Persian** Empire. Persians enjoyed ② eating snow with **sweet** fruit juice. Later, Arabs started to add milk to ③ cold desserts. Instead of fruit juice, they added sugar, ④ dried fruits, and nuts.

*Persian 페르시아의; 페르시아인

Reading Q 윗글의 주제로 가장 적절한 것은?

① the origin of ice cream
② ways to make ice cream
③ the effects of ice cream on health

NEW 내신기출

2 **밑줄 친 우리말을 조건에 맞게 써서 문장을 완성하시오.**

A **little** child, Brenden Foster, had a **terrible** illness. One day, he saw **some homeless** people and wanted to use his **remaining** energy for them. 그의 감동적인 이야기는 그의 나라에 퍼졌고 사람들을 감동시켰다. They started to donate sandwiches to **homeless** people in his name. Sadly, Brenden passed away **a few** weeks later. However, people still follow his **last** wish and help **homeless** people.

조건
· 분사를 쓸 것
· 제시된 단어만 사용할 것 (필요시 형태를 바꿔 쓸 것)
· around his country / touch / story / his / spread

______________________________ and moved people.

1 thousands of 수천의 empire 제국 add 첨가하다, 더하다 dry 말리다 nut 견과 origin 기원 effect 영향 **2** terrible 심한, 심각한 illness 질병 remain 남다 donate 기부하다 pass away 사망하다 touch 만지다; *감동시키다 spread 퍼지다(-spread-spread) move 움직이다; *감동시키다

Point 03

부사

부사는 **동사, 형용사, 다른 부사,** 또는 **문장 전체를 수식**한다. 부사 중 어떤 일이 얼마나 자주 일어나는지를 나타내는 빈도부사 (always, usually, often, sometimes, hardly 등)는 일반동사 앞, be동사와 조동사 뒤에 쓰는 점에 유의한다.

279 The girl reads **a lot**, // and she is **very** smart.

S_1 V_1 M_1(동사 수식) S_2 V_2 SC M_2(형용사 수식)

그 소녀는 책을 많이 읽는다, // 그리고 그녀는 매우 똑똑하다.

280 **Surprisingly**, / he runs **extremely fast**.

M_1(문장 전체 수식) S V M_2(부사 수식) M_3(동사 수식)

놀랍게도, / 그는 엄청나게 빨리 달린다.

281 We **sometimes** watch the sunset.

S M(동사 수식) V O

우리는 때때로 저녁노을을 본다.

다음 문장에서 밑줄 친 부분을 수식하는 부사를 찾아 동그라미 하고, 문장을 해석하시오.

정답 및 해설 p.20

282 Miranda was (pretty) sick / last week.

Miranda는 몹시 아팠다 / 지난 주에

283 Tina wakes up very early.

284 Luckily, he got a second chance.

285 I often forget my homework.

286 The basketball player jumps high.

287 Playing this song is quite difficult. So I practice hard.

> **구문 해석 기법**
>
> □ quite/pretty(꽤), very(매우), really(정말)는 정도를 나타내는 부사로, 형용사나 부사를 수식한다.

다음 문장의 네모 안에서 어법상 알맞은 것을 고르고, 문장을 해석하시오.

288 I held the baby very [gentle / gently]. She was [real / quite] small and cute.

289 Jim solves math problems [easy / easily]. He [always gets / gets always] the right answer.

surprisingly 놀랍게도 extremely 극도로, 엄청나게 sunset 저녁노을 luckily 운 좋게(도) chance 기회 play 놀다; *연주하다 hold 들다, 안다 gently 조심히 solve (문제를) 풀다 easily 쉽게

Point 04

전치사구

「전치사 + 명사(구)」는 문장에서 **형용사** 또는 **부사 역할**을 한다.

290 Rosie goes / to the school <**for international students**>.
S V M(동사 수식) M′(명사 수식)
Rosie는 간다 / 학교에 <국제학생들을 위한>

291 Alex usually speaks / **in English**.
S M_1(동사 수식) V M_2(동사 수식)
Alex는 주로 말한다 / 영어로

292 Using scissors is dangerous / **for kids**.
S V SC M(형용사 수식)
가위를 사용하는 것은 위험하다 / 아이들에게

다음 문장에서 밑줄 친 부분을 수식하는 전치사구를 찾아 동그라미 하고, 문장을 해석하시오. 정답 및 해설 p.21

293 The theater is always busy / on weekends.
그 극장은 항상 붐빈다 / 주말에

294 Everyone was surprised by her new look.

295 Dorothy is my friend from New Zealand.

296 He cleans his room with a broom.

297 A man with bright red hair is dancing.

298 The dog is afraid of the vacuum cleaner.

다음 문장의 네모 안에서 어법상 알맞은 것을 고르고, 문장을 해석하시오.

299 We walked [the river / along the river]. And we saw a full moon [the sky / in the sky].

300 Milo and I went [Seoul / to Seoul]. We stayed at a hotel [Seoul Station / near Seoul Station].

theater 극장 busy 바쁜; *붐비는 weekends 주말 broom 빗자루 bright (빛이) 밝은, 눈부신; *(색깔이) 밝은 afraid 두려워[무서워]하는
along ~을 따라 full moon 보름달 near 가까이

Unit Practice

STEP 1 **직독직해에 맞게 ( ) 안의 단어를 배열하시오.**

1 나는 일하고 있다 / 꽤 열심히 (working / hard / I / pretty / am)

______ ______ ______ / ______ ______.

2 운 좋게도, / 그는 두 번째 기회를 얻었다. (got / he / luckily / a second chance)

______, / ______ ______ ______ ______ ______.

3 Liam은 온라인 수업을 듣는다 / 그의 노트북으로 (on his laptop / Liam / online / takes / courses)

______ ______ ______ ______ / ______ ______ ______.

4 Laura는 아름다운 집을 가지고 있다 / 정원이 있는 (has / with a garden / a beautiful house / Laura)

______ ______ ______ ______ ______ / ______

______ ______.

STEP 2 **다음 문장에서 밑줄 친 부분을 수식하는 부사 또는 전치사구를 찾아 동그라미 하고, 문장을 해석하시오.**

1 They look very confident.

2 Many travelers buy souvenirs at this shop.

3 Her model plane flew quite far.

4 You should throw away the trash on your desk.

5 I sometimes borrow my brother's smartwatch.

6 Danny is toasting marshmallows with his friends.

laptop 노트북 take 가지고 가다; *(특정 과목을) 듣다 course 강의 garden 정원 confident 자신감 있는 souvenir 기념품 model plane 모형 비행기 fly 날다(-flew-flown) quite 꽤 far 멀리 throw away 버리다 trash 쓰레기 toast 건배하다; *굽다

STEP 3

1 밑줄 친 (A), (B)를 수식하는 부분을 찾아 동그라미 하시오.

Check out this newly-invented alarm clock! It uses the smell **of bacon instead of noisy bells**. **Each night**, (A) put frozen bacon inside the clock. Set the alarm **for 7:00 a.m.** The clock will turn on **at 6:50 a.m.** and (B) cook the bacon for ten minutes. **Then** the delicious smell will fill the air and wake you up.

Reading Q 새롭게 발명된 알람 시계에 관한 윗글의 내용과 일치하지 않는 것은?

① 알람 소리 대신 음식 냄새를 이용한다.
② 자기 전에 시계 안에 익힌 베이컨을 넣어야 한다.
③ 알람이 울리기 10분 전에 베이컨을 요리한다.

NEW 내신기출

2 다음 글을 읽고 조건에 맞게 써서 질문에 답하시오.

Do you know the animated movie *Up*? **In it**, an elderly man lives **in a flying house**. The house flies **with lots of balloons**. **Surprisingly**, someone made a house **like that in reality**. Jonathan Trappe **from the USA** attached 300 helium balloons **to his house**. It **actually** flew **quite far**! It went **around 2,000 kilometers, from New Mexico to Iowa**.

*helium 헬륨

조건
· 명사구를 수식하는 전치사구를 쓸 것
· 제시된 단어만 사용할 것 (필요시 형태를 바꿔 쓸 것)
· house / made / he / a / with 300 helium balloons / fly

Q. What did Jonathan Trappe make?

A. ______________________________

1 check out 확인하다 newly-invented 새롭게 발명된 instead of ~ 대신에 noisy 시끄러운 frozen 얼린 set 놓다; *(시계를) 맞추다 turn on 켜지다
2 animated movie 애니메이션 영화 elderly 연세가 드신 surprisingly 놀랍게도 in reality 실제로 attach 붙이다 actually 실제로 around 약

Wrap Up

정답 및 해설 p.22

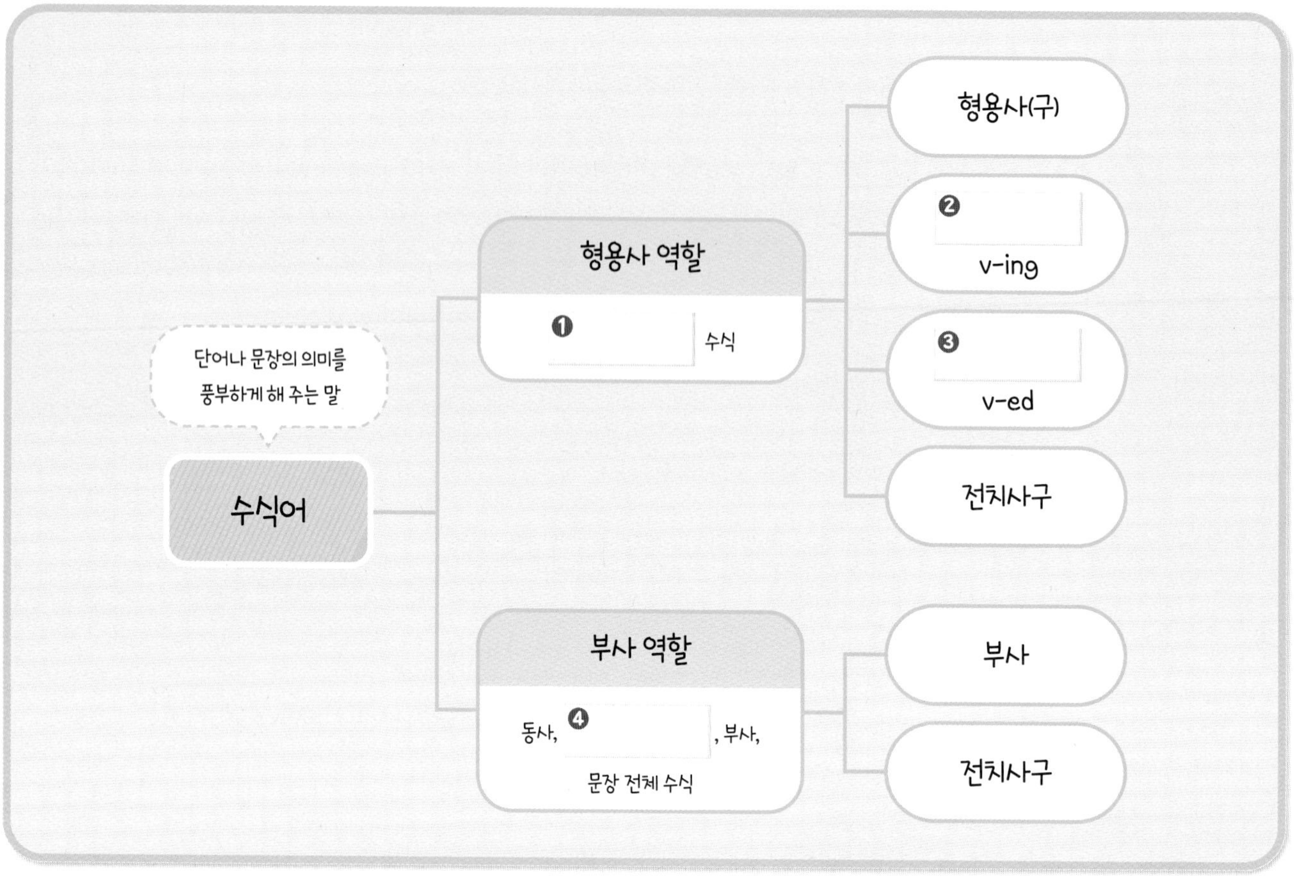

주요 예문을 다시 한번 확인하고, 우리말에 맞게 ( ) 안의 단어를 사용하여 문장을 쓰시오.

1 Jack은 그 잠긴 문을 열었다. (door / opened / the / locked) Point 02

2 가위를 사용하는 것은 아이들에게 위험하다. (dangerous / scissors / using / for kids) Point 04

3 그 울고 있는 아기가 나의 사촌이다. (the / cousin / baby / crying) Point 02

4 놀랍게도 그는 엄청나게 빨리 달린다. (extremely / runs / surprisingly) Point 03

5 나는 혼자 무서운 영화를 봤다. (movie / watched / a / alone / scary) Point 01

6 우리는 때때로 저녁노을을 본다. (the sunset / sometimes / watch) Point 03

UNIT 08

비교 표현

Point 01 원급과 비교급
Point 02 최상급

형용사나 부사를 이용해
한 대상을 다른 대상과 비교

비교 표현

- **원급**
  - as + 형용사 / 부사 + as
  - ~만큼 …한 / 하게
- **비교급**
  - 형용사 / 부사-(e)r
  - more + 형용사 / 부사
  - 더 ~한 / 하게
- **최상급**
  - the + 형용사 / 부사-(e)st
  - the + most + 형용사 / 부사
  - 가장 ~한 / 하게

Point **01**

원급과 비교급

형용사 및 부사의 원급을 이용해 **두 대상의 정도가 같음**을 나타낼 수 있다. **비교급**은 둘 중 한쪽의 **정도가 더 높음**을 나타낸다.

원급	「as+형용사/부사+as A」 (A만큼 ~한/하게)
비교급	「형용사/부사-er+than A」 또는 「more+형용사/부사+than A」 (A보다 더 ~한/하게)

301 Tomorrow will be **as cloudy** / **as** today.
S V SC
내일은 흐릴 것이다 / 오늘만큼

302 I can jump **as far** / **as** you.
S V M
나는 멀리 뛸 수 있다 / 너만큼

303 Felix is **taller** / **than** Brad.
S V SC
Felix는 키가 더 크다 / Brad보다

304 Giving up is **worse** / **than** failing.
S V SC
포기하는 것이 더 안 좋다 / 실패하는 것보다

Tip
불규칙 변화 (원급-비교급-최상급)
- good/well-better-best
- bad-worse-worst
- many/much-more-most
- little-less-least

밑줄 친 부분에 유의하여 다음 문장을 해석하시오.

정답 및 해설 p.22

305 Happiness is more important / than success.
행복이 더 중요하다 / 성공보다

306 This car is as expensive as mine.

307 Anderson will arrive later than me.

308 My little sister eats as much as an adult.

309 The black dress looks better than the white one.

310 Your eyes are as blue as the sky. They seem deeper than the ocean.

다음 문장의 네모 안에서 어법상 알맞은 것을 고르고, 문장을 해석하시오.

311 The man is [old / older] than my grandfather. But he is as [strong / stronger] as a young man.

312 I like soccer [much / more] than baseball. The rules of soccer are simpler [as / than] those of baseball.

cloudy 흐린 give up 포기하다 fail 실패하다 happiness 행복 success 성공 expensive 비싼 arrive 도착하다 adult 어른, 성인 deep 깊은 ocean 바다 rule 규칙 simple 간단한

Point **02**

최상급

최상급은 여러 대상 가운데 어느 하나의 **정도가 가장 높음**을 나타낸다.

최상급	「the + 형용사/부사-est」 또는 「the most + 형용사/부사」 (가장 ~한/하게)

313 The Nile is **the longest** river / in the world.
S V SC M
나일강은 가장 긴 강이다 / 세계에서

314 Health is **the most important** thing / in our life.
S V SC M
건강은 가장 중요한 것이다 / 우리 삶에서

315 Victoria is **the most talented** / of all the musicians <in the band>.
S V SC M
Victoria는 가장 재능이 있다 / 모든 연주자 중에서 <그 밴드에 있는>

밑줄 친 부분에 유의하여 다음 문장을 해석하시오.

정답 및 해설 p.23

316 Jejudo is the biggest island / in Korea.
제주도는 가장 큰 섬이다 / 한국에서

317 Where is the closest bank from here?

318 Math is the most difficult subject for me.

319 This app helps me the most in managing my schedule.

320 Her lectures are the most popular with students.

321 Jacob cooks the most delicious dishes with the freshest vegetables.

구문 해석 기법

☐ 최상급 뒤에 나오는 「in / of / among+명사(구)」는 '~에서, ~중에서'로 해석한다.

다음 문장의 네모 안에서 어법상 알맞은 것을 고르고, 문장을 해석하시오.

322 I want to choose the [goodest / best] gift among these three boxes. The [most heavy / heaviest] box must have something good inside of it.

323 Andrew comes to school the [most early / earliest] every morning. He is also the [most responsible / responsiblest] student in his class.

talented 재능이 있는 musician 연주자 island 섬 subject 주제; *과목 manage 간신히 해내다; *관리하다 lecture 강의 dish 접시; *요리 fresh 신선한 vegetable 채소 choose 선택하다 inside 안에 responsible 책임감 있는

Unit Practice

STEP 1 직독직해에 맞게 (   ) 안의 단어를 배열하시오.

1 이 자동차는 비싸다 / 내 것만큼 (expensive / car / as / this / mine / as / is)

_______ _______ _______ _______ _______ / _______ _______.

2 그들은 가장 열심히 일한다 / 팀 구성원 중에서 (hardest / the / work / among the team members / they)

_______ _______ _______ _______ / _______ _______

_______ _______.

3 이 파란 셔츠가 더 좋아 보인다 / 빨간 셔츠보다 (nicer / this / looks / the red one / shirt / than / blue)

_______ _______ _______ _______ _______ / _______

_______ _______ _______.

4 치타는 가장 빨리 달린다 / 육지 동물 중에서 (runs / the cheetah / fastest / of all land animals / the)

_______ _______ _______ _______ _______ / _______

_______ _______ _______.

STEP 2 밑줄 친 부분에 유의하여 다음 문장을 해석하시오.

1 Smartphones are as useful as computers.

2 Airplanes are faster than cars.

3 Tylar has the sweetest voice in the chorus.

4 My father speaks English more fluently than French.

5 The ballerina on the stage danced as beautifully as a butterfly.

6 The tallest building in the world is the Burj Khalifa in Dubai.

hard 열심히(-harder-hardest) land 육지, 땅 useful 유용한 sweet 달콤한(-sweeter-sweetest) voice 목소리, 음성 chorus 합창단 fluently 유창하게 stage 단계; *무대 Burj Khalifa 부르즈 칼리파 (전망대)

정답 및 해설 p.23

STEP 3

1 (A), (B)의 각 네모 안에서 어법에 맞는 표현을 고르시오.

California is home to redwood trees. In California, cool temperatures, rain, and fog allow them to grow. They grow really tall. **The oldest** redwood trees are over 90 meters. Some rise (A) [high / higher] than the Statue of Liberty. They are very wide too. Some trees are as (B) [wide / wider] as a road, so people made holes in them. Now, people can drive through them.

*redwood tree 미국삼나무 **Statue of Liberty 자유의 여신상

Reading Q 미국삼나무에 관한 윗글의 내용과 일치하는 것은?

① 시원한 기온에서는 잘 자라지 못한다.
② 자유의 여신상보다 키가 더 큰 것도 있다.
③ 최근에는 도로를 만들기 위해 베어 내고 있다.

NEW 내신기출

2 밑줄 친 우리말 (A), (B)를 조건에 맞게 써서 각 문장을 완성하시오.

(A) <u>우주에서 가장 강력한 것은 무엇일까?</u> It is a black hole. It is like a big vacuum cleaner. How strong are black holes? They swallow everything in space! They swallow stars and planets. (B) <u>사실, 빛은 모든 것 중에서 가장 빠르다.</u> However, black holes swallow light too!

*vacuum cleaner 진공청소기

조건
· 최상급 표현을 쓸 것 · 제시된 단어만을 사용할 것
· powerful / fastest / thing / the / in space / most / the / of all
· (A) 6단어, (B) 4단어로 쓸 것 (문장에 주어진 단어 제외)

(A) What is ______________________________?

(B) In fact, light is ______________________________.

1 temperature 기온 fog 안개 rise 오르다, 올라가다 wide 넓은 hole 구멍 through ~을 통과하여
2 swallow 삼키다 planet 행성 light 빛 powerful 강력한 space 우주 in fact 사실, 실제로는

Wrap Up

정답 및 해설 p.24

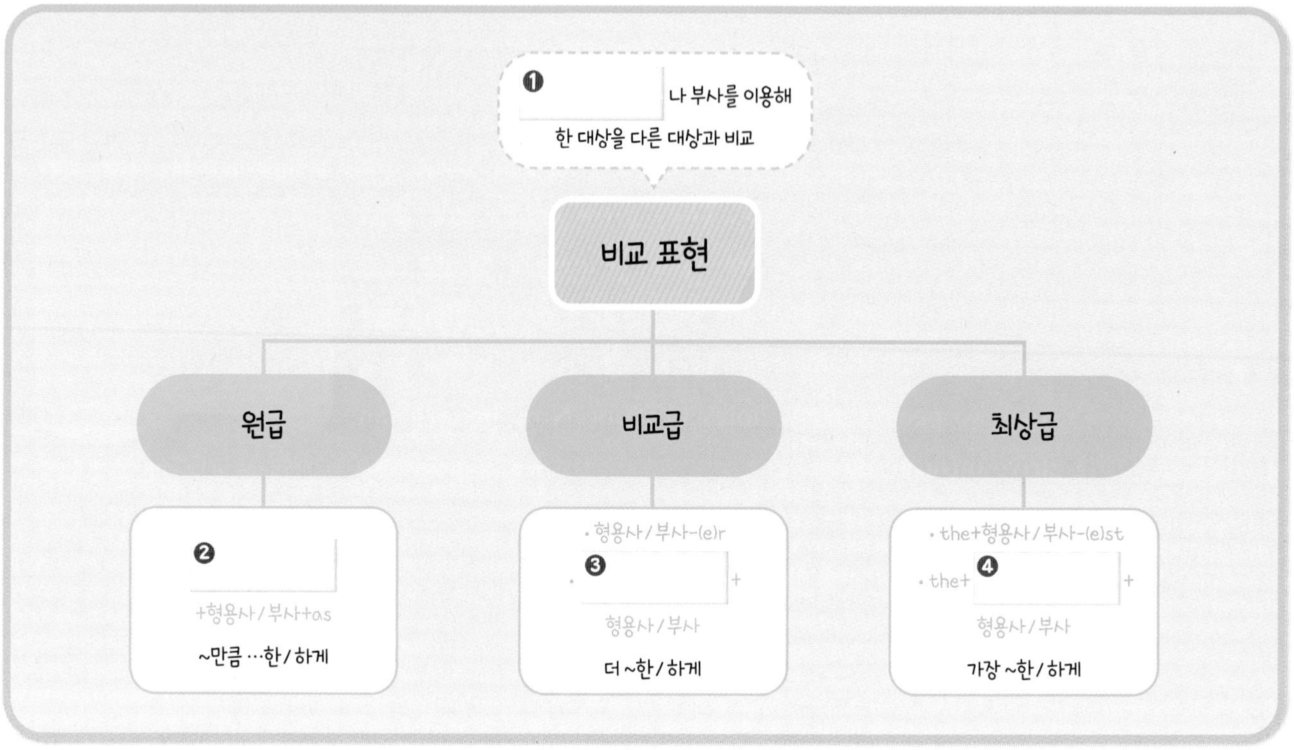

주요 예문을 다시 한번 확인하고, 우리말에 맞게 ( ) 안의 단어를 사용하여 문장을 쓰시오.

1 나일강은 세계에서 가장 긴 강이다. (river / the Nile / longest / in the world) Point 02

2 나는 너만큼 멀리 뛸 수 있다. (far / jump / can) Point 01

3 내일은 오늘만큼 흐릴 것이다. (cloudy / today / tomorrow / will) Point 01

4 건강은 우리 삶에서 가장 중요한 것이다. (in our life / important / health / thing) Point 02

5 포기하는 것이 실패하는 것보다 더 안 좋다. (giving up / failing / worse) Point 01

6 Victoria는 그 밴드에 있는 모든 연주자 중에서 가장 재능이 있다. (of all the musicians / talented / in the band) Point 02

UNIT 09

접속사의 이해

Point 01 등위접속사
Point 02 시간 접속사
Point 03 이유 접속사
Point 04 접속사 that

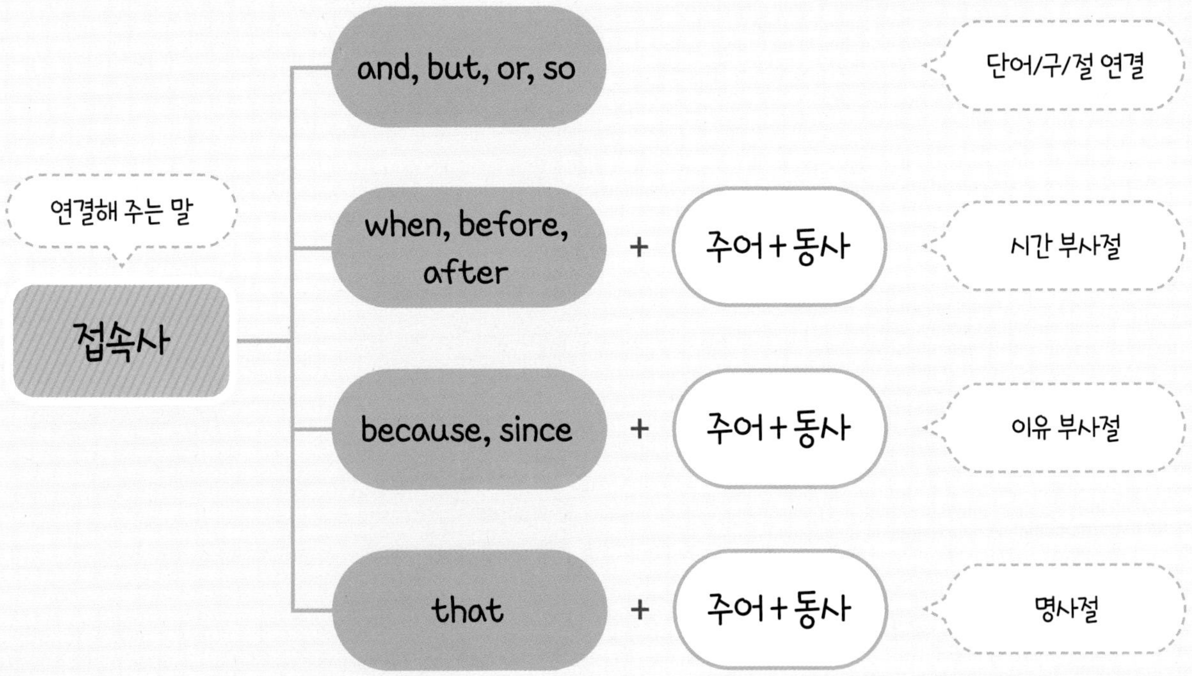

Point 01 등위접속사

등위접속사 and, but, or, so는 **단어와 단어, 구와 구, 절과 절을 연결**한다.

324 We talked / **and** laughed / all night.
S V₁ V₂ M
우리는 이야기했다 / 그리고 웃었다 / 밤새

325 Ollie is young / **but** wise.
S V SC₁ SC₂
Ollie는 어리다 / 하지만 현명하다

326 He will buy / a black shirt / **or** a white sweater.
S V O₁ O₂
그는 살 것이다 / 검은 셔츠를 / 또는 하얀 스웨터를

327 Kate is kind / to everyone, // **so** her friends like her.
S₁ V₁ SC M S₂ V₂ O
Kate는 친절하다 / 모두에게, // 그래서 그녀의 친구들은 그녀를 좋아한다

다음 문장에서 밑줄 친 접속사가 연결하는 것을 찾아 각각 동그라미 하고, 문장을 해석하시오.

정답 및 해설 p.24

328 This metal is (light) / but (strong).
이 금속은 가볍다 / 하지만 강하다

329 You should send me an email or a text message.

330 Mason cleaned his room and did his laundry.

331 The painting was expensive, but I bought it.

332 I didn't need my old toys anymore, so I gave them to my cousin.

333 Freya is an active student. She likes doing presentations and answering questions.

> **구문 해석 기법**
> □ and: ~와, ~하고 (대등·유사)
> but: ~지만 (반대·대조)
> or: ~이나 (선택)
> so: ~해서 (원인과 결과)

다음 문장의 네모 안에서 문맥상 알맞은 것을 고르고, 문장을 해석하시오.

334 Your plan sounds interesting but risky, [but / so] we can't accept it.

335 We have two options. We can go to the library now [and / or] see a play one hour later.

metal 금속 light 밝은; *가벼운 text message 문자 메시지 do (one's) laundry 빨래를 하다 anymore 더 이상 active 활동적인; *적극적인 presentation 제시; *발표 risky 위험한 accept 받아들이다 option 선택(권) play 놀이; *연극

Point 02

시간 접속사

접속사 when, before, after는 「주어 + 동사 ~」의 절 앞에 쓰여, 시간 부사절을 만든다.

• **when**(~할 때), **before**(~하기 전에), **after**(~한 뒤에, ~하고 나서)

336 <**When** I was hungry>, / Connor gave me / some chocolate.

(I: S′, was: V′, hungry: SC′ / Connor: S, gave: V, me: IO, some chocolate: DO)

<내가 배고팠을 때>, / Connor는 내게 주었다 / 약간의 초콜릿을

337 <**Before** I begin the class>, / I check students' names.

(I: S′, begin: V′, the class: O′ / I: S, check: V, students' names: O)

<나는 수업을 시작하기 전에>, / 학생들의 이름을 확인한다.

338 <**After** the rain stops>, / we will go outside / and play.

(the rain: S′, stops: V′ / we: S, will go: V_1, outside: M, play: V_2)

<비가 그친 뒤에>, / 우리는 밖으로 나갈 것이다 / 그리고 놀 것이다

다음 문장에서 시간 접속사가 이끄는 절을 찾아 밑줄 긋고, 문장을 해석하시오. 정답 및 해설 p.25

339 <When I was little>, / I liked / playing the piano.

<내가 어렸을 때>, / 나는 좋아했다 / 피아노 연주하는 것을

340 Before I wash my face, I brush my teeth.

341 She will buy a car after she gets her driver's license.

342 Check your passport before you leave for the airport.

343 He was ordering a cup of coffee when I saw him.

344 When I heard the song, I remembered Jessie. She sang the song to me before she left.

다음 문장의 네모 안에서 문맥상 알맞은 것을 고르고, 문장을 해석하시오.

345 [Before / After] the race began, the stadium was quiet. However, people stood up and cheered [before / after] the athletes started to run.

346 [When / Before] the painter was alive, everyone ignored his works of art. [Before / After] he died, people started to consider him a great artist.

---

driver's license 운전면허증 passport 여권 leave 떠나다(-left-left) airport 공항 order 주문하다 race 경주 stadium 경기장 cheer 환호하다 athlete 선수 alive 살아 있는 ignore 무시하다 work of art 미술품, 예술품 consider 여기다, 생각하다 artist 예술가

Unit Practice

STEP 1 직독직해에 맞게 ( ) 안의 단어를 배열하시오.

1 나는 세수하기 전에, / 이를 닦는다 (teeth / wash / I / brush / face / my / before / I / my)

______ ______ ______ ______ ______, / ______

______ ______ ______.

2 Leah는 일을 한다 / 빠르고 정확하게 (quickly / work / Leah / and / does / accurately / her)

______ ______ ______ ______ / ______ ______ ______.

3 당신은 그 물품값을 지불할 수 있습니다 / 현금 / 또는 카드로 (can / you / with a card / in cash / pay / or / for the item)

______ ______ ______ ______ ______ ______ /

______ ______ / ______ ______ ______ ______.

STEP 2 다음 문장에서 접속사에 동그라미, 접속사가 연결하는 것과 이끄는 절에 밑줄 긋고, 문장을 해석하시오.

1 Let's go to the bathroom before the movie starts.

2 After I slept for eight hours, I felt better.

3 My mom hung a star and lights on the Christmas tree.

4 The food was delicious, so I left a good review on the restaurant's website.

5 When the bookstore opens, we can buy the limited edition book.

6 I will buy flowers or bake a chocolate cake for Susan's birthday.

quickly 빠르게 accurately 정확하게 cash 현금 pay (임금·대금 등을) 지불하다 item 항목; *물품 hang 매달다(-hung-hung) light 빛; *전등 review 검토; *논평, 비평 bookstore 서점 limited edition 한정판 bake (음식을) 굽다

정답 및 해설 p.25

STEP 3

1 (A), (B)의 ( ) 안의 단어를 문맥에 맞게 배열하고 해석하시오.

Dogs show their feelings with their tail. They move their tail in different directions according to those feelings. They wag their tail to the right (A) (feel / when / they / happy). They wag ⓐ it to the left **when** they are upset. For example, (B) (a dog / its / after / sees / owner), ⓑ it wags its tail to the right. However, a dog wags its tail the other way **when** ⓒ it sees scary or strange things.

	단어 배열	해석
(A)		
(B)		

Reading Q 윗글의 밑줄 친 ⓐ~ⓒ가 가리키는 대상이 나머지 둘과 다른 것은?

① ⓐ ② ⓑ ③ ⓒ

NEW 내신기출

2 밑줄 친 우리말 (A), (B)를 조건에 맞게 써서 각 문장을 완성하시오.

Do you feel carsick easily? Then follow these tips. First, (A) 당신이 차 안에서 메스꺼워질 때, look outside at something. Looking far away will help you. Also, sit in the front seat. People usually get carsick in the back seat. Last, (B) 당신이 차에 타기 전에, leave the window open for a while. The fresh air will remove bad smells inside the car.

*carsick 차멀미를 하는

조건
· 시간 접속사를 쓸 것
· get / sick / the car / feel / in
· 제시된 단어를 사용할 것 (필요시 두 번 사용)
· (A) 7단어, (B) 6단어로 쓸 것

(A) ______________________________

(B) ______________________________

1 feeling 감각; *감정 tail 꼬리 direction 방향 wag (개가 꼬리를) 흔들다 upset 화가 난 owner 주인 scary 무서운 strange 이상한; *낯선
2 follow (조언·충고를) 따르다 tip 끝; *조언 far away 멀리 for a while 잠시 fresh 신선한; *상쾌한 remove 제거하다

Point 03 이유 접속사

접속사 because와 since는 「주어+동사 ~」의 절 앞에 쓰여, 이유 부사절을 만든다.

• **because [since]** (~하기 때문에)

347 <**Because** he(S′) looked(V′) busy(SC′)>, / I(S) helped(V) him(O).

<그가 바빠 보였기 때문에>, / 나는 그를 도와주었다.

348 <**Since** I(S′) don't have(V′) money(O′)>, / I(S) can't buy(V) / the car(O).

<나는 돈이 없기 때문에>, / 살 수 없다 / 그 차를

다음 문장에서 이유 접속사가 이끄는 절을 찾아 밑줄 긋고, 문장을 해석하시오.

정답 및 해설 p.26

349 <Because my leg hurts>, / I can't run.

<다리가 아프기 때문에>, / 나는 뛸 수 없다.

350 Since the soup was too salty, Levi didn't eat it.

351 We felt sad because our favorite team lost the game.

352 Since I have a lot of homework, I can't go out tonight.

353 Since it was raining, we had to cancel the picnic.

354 Dilan ate lots of pizza because he was really hungry.

> **구문 해석 기법**
>
> □ because, since가 이끄는 부사절은 이유·원인을 나타내고, 나머지 절(주절)은 결과를 나타낸다.

다음 문장의 네모 안에서 문맥상 알맞은 것을 고르고, 문장을 해석하시오.

355 I cannot send Cindy this message [because / before] I forgot her email address.

356 [So / Since] I was late for school again, my teacher got angry with me.

---

hurt 아프게 하다; *아프다 salty (음식 등이) 짠 lose (경기 등에) 지다(-lost-lost) a lot of 많은(= lots of) go out 외출하다, 나가다 cancel 취소하다 forget 잊어버리다(-forgot-forgotten) address 주소

Point 04 접속사 that

「접속사 that+주어+동사 ~」는 **명사절**로 문장에서 **주어, 목적어, 보어** 역할을 하고, **'~라는 것'**으로 해석한다. **목적어**로 쓰인 that절에서 **that은 생략**할 수 있다.

357 <**That** Luna will come tonight> / is certain.
(S: <That Luna will come tonight> — S′ Luna, V′ will come, M′ tonight / V: is / SC: certain)
<오늘 밤 Luna가 올 거라는 것은> / 확실하다.

> **Tip** 주어로 쓰인 that절이 문장 맨 앞에 오는 경우는 드물며, 대개는 주어 자리에 It을 쓰고 that절을 동사 뒤로 보낸다.

358 I believe / <**(that)** I will succeed>.
(S: I / V: believe / O: <(that) I will succeed> — S′ I, V′ will succeed)
나는 믿는다 / <내가 성공할 것을>

359 The truth is / <**that** Niel is Betty's boyfriend>.
(S: The truth / V: is / SC: <that Niel is Betty's boyfriend> — S′ Niel, V′ is, SC′ Betty's boyfriend)
사실은 ~이다 / <Niel이 Betty의 남자친구라는 것>

다음 문장에서 that절을 찾아 밑줄 긋고, 문장에서의 역할을 쓴 후 문장을 해석하시오. 정답 및 해설 p.27

360 I agree / <that we should save water>. 동사 agree의 목적어
나는 동의한다 / <우리가 물을 절약해야 한다는 것에>

361 That Mason will marry her is unbelievable.

362 We cannot accept that she keeps breaking her promises.

363 You may not agree, but the fact is that you saved us.

364 The good thing is that we can go to the sea this summer.

365 That he can't swim is surprising because he grew up near the beach.

다음 문장의 네모 안에서 어법상 알맞은 것을 고르고, 문장을 해석하시오.

366 Our hotel guests said [before / that] our services were not good. I think [that / what] we should improve them.

367 The problem is [after / that] the school's playground is too small. I believe [who / that] the children need a bigger playground.

agree 동의하다 save 절약하다; 구하다 unbelievable 믿기 어려운 accept 받아들이다 surprising 놀라운 grow up 성장하다, 자라다 guest 손님 improve 개선하다, 향상시키다 playground 운동장

Unit Practice

STEP 1 직독직해에 맞게 ( ) 안의 단어를 배열하시오.

1 사실은 ~이다 / 모차르트가 살지 못했다는 것 / 35세 넘게 (that / of thirty-five / live / Mozart / the age / past / the fact / didn't / is)

_______ _______ _______ / _______ _______ _______ _______ /

_______ _______ _______ _______ _______.

2 나는 생각했다 / 네가 컴퓨터 게임을 하는 중이라고 (playing / thought / were / I / you / a computer game / that)

_______ _______ / _______ _______ _______ _______ _______

_______ _______.

3 나는 가지고 있기 때문에 / 많은 숙제를, / 나갈 수 없다 / 오늘 밤 (I / tonight / can't / a lot of / I / since / homework / go out / have)

_______ _______ _______ / _______ _______ _______ _______, /

_______ _______ _______ _______ / _______.

STEP 2 다음 문장에서 접속사가 이끄는 절을 찾아 밑줄 긋고, 문장을 해석하시오.

1 Because I won first prize, I felt very happy.

2 I believe that there is life on other planets.

3 Elena was mad at me since I broke her cell phone.

4 They missed their flight because they got stuck in traffic.

5 The problem is that no one listens to each other anymore.

6 That today's school lunch included broccoli made me sad.

past 넘어서 win a prize 상을 받다 life 생명; *생명체 planet 행성 mad 화가 난 break 깨어지다; *고장 내다(-broke-broken) miss 놓치다 flight 비행; *항공편 stuck 움직일 수 없는; *갇힌 anymore 더 이상 include 포함하다

STEP 3

1 빈칸 (A), (B)에 들어갈 적절한 접속사를 보기 에서 골라 쓰시오.

Some people drink energy drinks when they feel tired. **Since** these drinks are tasty, people like them. However, they're not good for your health ___(A)___ they have lots of caffeine. Instead, try eating tomatoes. A study found ___(B)___ the lycopene in tomatoes gives you energy. Therefore, after you eat tomatoes, you will feel healthy and awake.

*caffeine 카페인 **lycopene 리코펜 (토마토 등에 있는 붉은 색소)

보기 because before that so

(A) ______________ (B) ______________

Reading Q 윗글의 요지로 가장 적절한 것은?

① 에너지 음료는 피로 회복에 도움이 된다.
② 카페인은 집중력을 향상시킨다.
③ 피곤할 때 토마토를 먹는 것이 좋다.

NEW 내신기출

2 밑줄 친 우리말을 조건 에 맞게 써서 요약문을 완성하시오.

Because there is no gravity in space, water doesn't fall down. Then how do astronauts wash their hair? You may guess **that** they can't do it. However, they can wash their hair **because** they have a special dry shampoo. When it's time for a wash, they spray it on their hair. Then they clean it off with a wet towel. Isn't that simple?

조건 · 접속사를 쓸 것 · 제시된 단어를 사용할 것
· fall down / gravity / to make / is / no / there / water

Astronauts can only wash their hair in space by using a special dry shampoo <u>그곳에는 물이 아래로 떨어지게 만드는 중력이 없기 때문에</u>.

____

1 tasty 맛있는 good for ~에 좋은 health 건강(*a.* healthy 건강한) instead 대신에 study 공부; *연구 awake 깨어 있는, 정신이 맑은
2 gravity 중력 space 우주 fall down 떨어지다 astronaut 우주 비행사 guess 추측하다 spray 뿌리다 clean off ~을 닦아내다 wet 젖은

Wrap Up

정답 및 해설 p.28

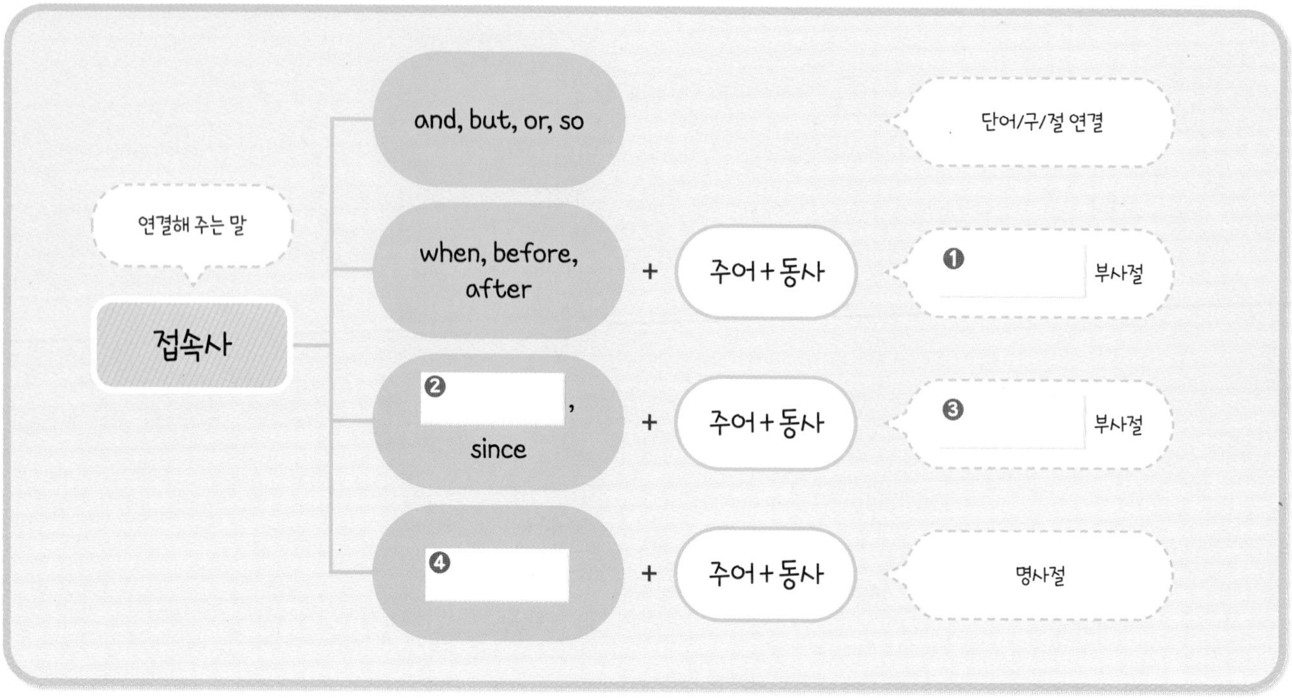

주요 예문을 다시 한번 확인하고, 우리말에 맞게 ( ) 안의 단어를 사용하여 문장을 쓰시오.

1 우리는 밤새 이야기하고 웃었다. (all night / laughed / talked) Point 01

2 사실은 Niel이 Betty의 남자친구라는 것이다. (boyfriend / the truth) Point 04

3 그가 바빠 보였기 때문에 나는 그를 도와주었다. (busy / helped / looked) Point 03

4 Kate는 모두에게 친절해서 그녀의 친구들은 그녀를 좋아한다. (like / kind / friends / to everyone) Point 01

5 나는 수업을 시작하기 전에 학생들의 이름을 확인한다. (the class / students' / check / begin / names) Point 02

6 내가 배고팠을 때 Connor는 내게 약간의 초콜릿을 주었다. (hungry / some / gave / chocolate) Point 02

UNIT 10

문장의 종류

Point 01 의문문
Point 02 명령문
Point 03 부가의문문
Point 04 감탄문

의문문	질문할 때	의문사 의문문 be동사 / do동사 / 조동사 의문문 부정의문문
명령문	명령 · 요구 · 충고할 때	긍정 / 부정 명령문 「명령문, and / or ~」
부가의문문	동의를 구할 때 / 확인할 때	평서문 뒤에 붙은 의문문 명령문 뒤에 붙은 의문문
감탄문	감정을 강조하여 표현할 때	What 감탄문 How 감탄문

Point **01**

의문문

의문문은 상대에게 **질문**을 던지는 문장으로, **의문사** 또는 **be동사**, **do동사**, **조동사**로 시작한다.

368 **When** is / Benjamin's birthday?
V S
언제니 / Benjamin의 생일이

> Tip 의문사
> who, what, which, when, where, why, how

369 **Do** they live / in this apartment?
V S M
그들은 사니 / 이 아파트에

370 **Can** you speak Chinese?
V S O
너는 중국어를 말할 수 있니?

371 **Is** your bag heavy?
V S SC
너의 가방은 무겁니?

372 **Aren't** you hungry?
V S SC
너 배고프지 않니?

> Tip 부정의문문에 대한 대답은 긍정이면 Yes, 부정이면 No
> (해석은 Yes는 '아니', No는 '응')

다음 문장을 해석하시오.

정답 및 해설 p.29

373 Are they your brothers?
그들은 너의 형제들이니?

374 Don't they know each other?

375 Where are you going to park?

376 Will you go to the movies this Sunday?

377 Did you have salad for dinner yesterday?

378 Who should be the next team leader?

> **구문 해석 기법**
>
> □ 「who / what / which + 동사 ~?」는 의문사가 주어인 의문문으로, '누가 / 무엇이 / 어떤 것이 ~하니?'로 해석한다.
>
> □ 부정의문문은 '~하지 않니?' / ~이 아니니?로 해석한다.

다음 문장의 네모 안에서 어법상 알맞은 것을 고르고, 문장을 해석하시오.

379 A: [Isn't / Doesn't] this the latest version of the game?
B: [Yes / No], it [isn't / doesn't].

380 Why [bought he / did he buy] a new wallet? [Did he lose / Did lose he] his wallet again?

each other 서로 park 주차하다 latest 최근의 version (이전의 것들과 약간 다른) ~판 wallet 지갑 lose 잃어버리다(-lost-lost)

Point **02**

명령문

명령문은 상대에게 **명령·요구·충고**하는 문장이다. **긍정명령문**과 **부정명령문, and/or가 함께 쓰인 명령문**이 있다.

긍정명령문	「동사원형 ~」(~해라)	부정명령문	「Do not[Don't]/Never+동사원형」(~하지 마라)
「명령문, and ~」	…해라, 그러면 ~할 것이다	「명령문, or ~」	…해라, 그렇지 않으면 ~할 것이다

381 **Put** it / on the desk.
V O M
그것을 두어라 / 책상 위에

Tip
Please를 함께 쓰면 공손한 부탁 표현이 된다.
Please put it on the desk.
(그것을 책상 위에 두세요.)

382 **Don't run** / in the hallway.
V M
뛰지 마라 / 복도에서

383 **Be** brave, // **and** you will be able to do / anything.
V_1 SC S V_2 O
용감해져라, // 그러면 너는 할 수 있을 것이다 / 무엇이든

384 **Hurry** up, // **or** we will be late.
V_1 S V_2 SC
서둘러라, // 그렇지 않으면 우리는 늦을 것이다.

다음 문장을 해석하시오.

정답 및 해설 p.29

385 Be quiet / during class.
조용히 해라 / 수업 시간 중에는

386 Please wait for me here.

387 Don't go around alone at night.

388 Tell the truth in every situation, and people will trust you.

389 Keep a diary, or you may not be able to remember good moments.

390 I bought pretty boots for you. Wear them when you go out.

다음 문장의 네모 안에서 어법상 알맞은 것을 고르고, 문장을 해석하시오.

391 [Don't / Doesn't] eat spicy food tonight, [and / or] you'll get a stomachache tomorrow.

392 Are you worried about something? [Talk / Talks] to Doctor Phil, [and / or] your worries will disappear.

go around 돌아다니다 truth 사실 trust 믿다 keep a diary 일기를 쓰다 moment 순간 go out 외출하다 stomachache 배탈 disappear 사라지다

Point 03

부가의문문

부가의문문은 **평서문이나 명령문 뒤에 붙은 의문문**으로, 상대에게 **동의**나 **확인**을 받기 위해 쓴다.

• 평서문의 부가의문문: 「긍정문 + 부정형 부가의문문」 또는 「부정문 + 긍정형 부가의문문」

• 명령문, will you?: '~해라, 그래 줄래?'

• Let's + 동사원형 ~, shall we?: '~하자, 그렇게 할래?'

393 Aria speaks German well, // **doesn't she**?
S_1 V_1 O M V_2 S_2
Aria는 독일어를 잘해, // 그렇지 않니?

394 Edward isn't wearing glasses, // **is he**?
S_1 V_1 O V_2 S_2
Edward는 안경을 안 쓰고 있어, // 그렇지?

395 Turn off the music, // **will you**?
V_1 O V_2 S
음악을 꺼 줘, // 그래 줄래?

396 Let's go to the movies, // **shall we**?
V_1 M V_2 S
영화 보러 가자, // 그렇게 할래?

밑줄 친 부분에 유의하여 다음 문장을 해석하시오.

정답 및 해설 p.29

397 Close the door, // will you?
문을 닫아줘, // 그래 줄래?

398 William got a good grade, didn't he?

399 Chloe will come to the party, won't she?

400 They don't have any plans for the weekend, do they?

401 You were a member of the national handball team, weren't you?

402 Jason can play the guitar. But he cannot play the piano, can he?

구문 해석 기법

☐ 부정형 부가의문문은 '그렇지 않니?'로, 긍정형은 '그렇지?'로 해석한다.

다음 문장의 네모 안에서 문맥상 알맞은 것을 고르고, 문장을 해석하시오.

403 The weather is perfect for a picnic, [is / isn't / doesn't] it? Let's go outside, [shall / do] we?

404 A: Flory entered a speech contest but she didn't win first prize, [did / was / didn't] she?
B: No, she [did / wasn't / didn't].

grade 등급; *성적 national team 국가 대표팀 perfect 완벽한 outside 밖에 enter 들어가다; *참가하다 speech contest 말하기 대회

Point **04**

감탄문

감탄문은 기쁨·놀람·슬픔 등의 **감정을** 표현한 문장으로, **what**이나 **how**로 시작하며 '정말 ~하구나'로 해석한다.
- What(+ a / an) + 형용사 + 명사(+ 주어 + 동사)!: 명사 강조
- How + 형용사/부사(+ 주어 + 동사)!: 형용사/부사 강조

405 **What** a great painting (it is)!
SC S V
정말 멋진 그림이구나!

Tip 동사가 be동사일 경우, 「주어+동사」는 보통 생략

406 **What** sweet candies (they are)!
SC S V
정말 달콤한 사탕들이구나!

407 **How** beautifully she dances!
M S V
그녀는 정말 아름답게 춤을 추는구나!

408 **How** clean!
SC
정말 깨끗하구나!

다음 문장을 해석하시오.

정답 및 해설 p.30

409 How lazy he is!
그는 정말 게으르구나!

410 What a rude boy he is!

411 How hard the students studied!

412 What a scary movie it is!

413 What an expensive camera it is!

414 I showed Karen my new cell phone. She said, "How cool it is!"

다음 문장의 네모 안에서 어법상 알맞은 것을 고르고, 문장을 해석하시오.

415 A: Dan can run 100 meters in thirteen seconds.
B: [How / What] fast he runs!

416 A: The firefighter saved a girl from a burning house.
B: What [brave / a brave] man he is!

lazy 게으른 cell phone 휴대전화 cool 시원한; *멋진 second 두 번째의; *초(시간의 단위) save (사람·생명 등을) 구하다 burning 불타는 brave 용감한

Unit Practice

STEP 1 직독직해에 맞게 ( ) 안의 단어를 배열하시오.

1 그것은 정말 무서운 영화구나! (it / what / a scary movie / is)

________ ________ ________ ________ ________ ________!

2 Andy는 왜 비행기를 놓쳤니 / 어제? (yesterday / miss / Andy / did / the flight / why)

________ ________ ________ ________ ________ ________ / ________?

3 쇼핑하러 가자, / 그렇게 할래? (shopping / go / shall / let's / we)

________ ________ ________, / ________ ________?

4 문을 닫아라, / 그렇지 않으면 먼지가 들어올 것이다. (the door / get in / dust / will / close / or)

________ ________ ________, / ________ ________ ________

________ ________.

STEP 2 다음 문장을 해석하시오.

1 What a tasty meal this is!

2 Is the gym open on Sunday?

3 Pass me the book up there, will you?

4 Visit our website, and you will find more information.

5 A: Didn't you put your car key on the table?
B: No, I didn't.

6 Layla likes using eco-friendly products, doesn't she?

miss 놓치다 flight 비행기, 항공편 dust 먼지 tasty 맛있는 meal 식사 gym 체육관 pass 지나가다; *건네 주다 information 정보 put 두다, 놓다 eco-friendly 친환경적인 product 제품

STEP 3

1 (A), (B)의 ( ) 안의 단어를 문맥에 맞게 배열하시오.

(A) (to experience / you / a fun festival / want / you / don't)? Then **visit** Ivrea, Italy, in February. Over 3,000 people gather there for the Battle of the Oranges. During this festival, they throw oranges at each other. They use over 200,000 kilograms of oranges. The best fighters get awards from judges. (B) (interesting / the festival / is / how)!

(A) ____?

(B) ____!

Reading Q 오렌지 전투에 관한 윗글의 내용과 일치하지 않는 것은?

① 이탈리아에서 열린다.
② 오렌지를 가장 많이 먹는 사람이 우승한다.
③ 좋은 성적을 거둔 사람들은 상을 받는다.

NEW 내신기출

2 밑줄 친 ①~④ 중 어법상 틀린 2개를 찾아 해당 번호를 쓰고 바르게 고쳐 쓰시오.

What ① you can do with old socks? **Make** a sock garden! ② Wear old socks over your shoes. **Walk** through a field. **Are** any seeds on your socks? Good! Now **take off** the socks and **bury** them in soil. **Give** the soil some water, ③ or it will stay moist. Then some seeds may sprout! This sounds fun, ④ doesn't it?

번호	적절하지 않은 단어	고쳐 쓴 단어

1 experience 경험하다 festival 축제 gather 모이다 battle 전투 throw 던지다 award 상 judge 판사; *심사위원
2 sock ((*pl.*)) 양말 walk through ~사이를 걷다 field 들판 seed 씨앗 take off (옷 등을) 벗다 bury 묻다 soil 땅, 흙 moist 촉촉한 sprout 싹이 나다

Wrap Up

정답 및 해설 p.31

❶ ______	질문할 때	의문사 의문문 be동사 / do동사 / 조동사 의문문 부정의문문
❷ ______	명령 · 요구 · 충고할 때	긍정 / 부정 명령문 「명령문, and / or ~」
❸ ______	동의를 구할 때 / 확인할 때	평서문 뒤에 붙은 의문문 명령문 뒤에 붙은 의문문
감탄문	감정을 강조하여 표현할 때	What 감탄문 ❹ ______ 감탄문

주요 예문을 다시 한번 확인하고, 우리말에 맞게 ( ) 안의 단어를 사용하여 문장을 쓰시오.

1 너는 중국어를 말할 수 있니? (speak / Chinese) Point 01

2 정말 멋진 그림이구나! (a great painting) Point 04

3 그녀는 정말 아름답게 춤을 추는구나! (dances / beautifully) Point 04

4 그들은 이 아파트에 사니? (in this apartment / live) Point 01

5 Edward는 안경을 안 쓰고 있어, 그렇지? (glasses / wearing) Point 03

6 용감해져라, 그러면 너는 무엇이든 할 수 있을 것이다. (do / brave / anything / able) Point 02

MEMO

지은이

NE능률 영어교육연구소

NE능률 영어교육연구소는 혁신적이며 효율적인 영어 교재를 개발하고
영어 학습의 질을 한 단계 높이고자 노력하는 NE능률의 연구조직입니다.

중학 천문장 〈LEVEL 1〉

펴 낸 이	주민홍
펴 낸 곳	서울특별시 마포구 월드컵북로 396(상암동) 누리꿈스퀘어 비즈니스타워 10층 (주)NE능률 (우편번호 03925)
펴 낸 날	2024년 1월 5일 개정판 제1쇄 발행 2024년 5월 15일 제4쇄
전 화	02 2014 7114
팩 스	02 3142 0356
홈페이지	www.neungyule.com
등록번호	제 1-68호
I S B N	979-11-253-4293-9
정 가	13,000원

NE 능률

고객센터

교재 내용 문의 : contact.nebooks.co.kr (별도의 가입 절차 없이 작성 가능)
제품 구매, 교환, 불량, 반품 문의 : 02-2014-7114
☎ 전화문의는 본사 업무시간 중에만 가능합니다.

NE능률 교재 MAP

문법 구문

아래 교재 MAP을 참고하여 본인의 현재 혹은 목표 수준에 따라 교재를 선택하세요.
NE능률 교재들과 함께 영어실력을 쑥쑥~ 올려보세요!
MP3 등 교재 부가 학습 서비스 및 자세한 교재 정보는 www.nebooks.co.kr 에서 확인하세요.

초1-2

초3
그래머버디 1
초등영어 문법이 된다 Starter 1

초3-4
그래머버디 2
초등영어 문법이 된다 Starter 2
초등 Grammar Inside 1
초등 Grammar Inside 2

초4-5
그래머버디 3
Grammar Bean 1
Grammar Bean 2
초등영어 문법이 된다 1
초등 Grammar Inside 3
초등 Grammar Inside 4

초5-6
Grammar Bean 3
Grammar Bean 4
초등영어 문법이 된다 2
초등 Grammar Inside 5
초등 Grammar Inside 6

초6-예비중
능률중학영어 예비중
Grammar Inside Starter
원리를 더한 영문법 STARTER

중1
능률중학영어 중1
Grammar Zone 입문편
Grammar Zone 워크북 입문편
1316 Grammar 1
문제로 마스터하는 중학영문법 1
Grammar Inside 1
열중 16강 문법 1
쓰기로 마스터하는 중학서술형 1학년
중학 천문장 1

중1-2
능률중학영어 중2
1316 Grammar 2
문제로 마스터하는 중학영문법 2
Grammar Inside 2
열중 16강 문법 2
원리를 더한 영문법 1
중학영문법 총정리 모의고사 1
중학 천문장 2

중2-3
Grammar Zone 기초편
Grammar Zone 워크북 기초편
1316 Grammar 3
원리를 더한 영문법 2
중학영문법 총정리 모의고사 2
쓰기로 마스터하는 중학서술형 2학년
중학 천문장 3

중3
능률중학영어 중3
문제로 마스터하는 중학영문법 3
Grammar Inside 3
열중 16강 문법 3
중학영문법 총정리 모의고사 3
쓰기로 마스터하는 중학서술형 3학년

예비고-고1
문제로 마스터하는 고등영문법
올클 수능 어법 start
천문장 입문

고1
Grammar Zone 기본편 1
Grammar Zone 워크북 기본편 1
Grammar Zone 기본편 2
Grammar Zone 워크북 기본편 2
필히 통하는 고등 영문법 기본편
필히 통하는 고등 서술형 기본편
천문장 기본

고1-2
필히 통하는 고등 영문법 실력편
필히 통하는 고등 서술형 실전편
TEPS BY STEP G+R Basic

고2-3
Grammar Zone 종합편
Grammar Zone 워크북 종합편
올클 수능 어법 완성
천문장 완성

고3

수능 이상/ 토플 80-89 · 텝스 600-699점
TEPS BY STEP G+R 1

수능 이상/ 토플 90-99 · 텝스 700-799점
TEPS BY STEP G+R 2

수능 이상/ 토플 100 · 텝스 800점 이상
TEPS BY STEP G+R 3

중학

천문장

LEVEL 1

「구문이 독해로 연결되는 해석 공식」

정답 및 해설

NE 능률

UNIT 01 문장의 구조

Point 01 주어+동사(S+V) p.10

006 There are cups / on the table.
컵들이 있다 / 식탁 위에
식탁 위에 컵들이 있다.

007 Molly cries / during sad movies.
Molly는 운다 / 슬픈 영화를 보는 중에
Molly는 슬픈 영화를 보는 중에 운다.

008 I often go for a walk / after dinner.
나는 종종 산책을 간다 / 저녁 식사 후에
나는 종종 저녁 식사 후에 산책을 간다.

009 A tree stands / near the bus stop.
나무 한 그루가 서 있다 / 버스 정류장 가까이에
나무 한 그루가 버스 정류장 가까이에 서 있다.

010 The alarm clock rings / loudly / in the morning.
알람 시계가 울린다 / 시끄럽게 / 아침에
알람 시계가 아침에 시끄럽게 울린다.

011 A little girl lives / upstairs. She sings loudly / at night.
어린 여자아이가 산다 / 위층에. 그녀는 큰 소리로 노래를 부른다 / 밤에
어린 여자아이가 위층에 산다. 그녀는 밤에 큰 소리로 노래를 부른다.

012 There is a big garden / behind my house. I play there / every day.
큰 정원이 있다 / 우리 집 뒤에. 나는 그곳에서 논다 / 매일
우리 집 뒤에 큰 정원이 있다. 나는 매일 그곳에서 논다.

Point 02 주어+동사+주격보어(S+V+SC) p.11

017 The caterpillar becomes a butterfly.
애벌레는 나비가 된다.

018 Half of the money / is mine.
그 돈의 절반은 / 내 것이다.

019 The puppy stays quiet / at night.
그 강아지는 조용히 있는다 / 밤에
그 강아지는 밤에 조용히 있는다.

020 The sky gets dark / early / in the winter.
하늘은 어두워진다 / 일찍 / 겨울에
하늘은 겨울에 일찍 어두워진다.

021 Evan's stories are great. They all sound exciting.
Evan의 이야기들은 훌륭하다. 그것들은 모두 흥미진진하게 들린다.

022 The pine trees grow tall / in the sunshine. They also smell nice.
소나무들은 크게 자란다 / 햇빛 속에서. 그것들은 좋은 향도 난다.
그 소나무들은 햇빛 속에서 크게 자란다. 그것들은 좋은 향도 난다.

023 My favorite place / is my room. I feel comfortable / there.
내가 가장 좋아하는 장소는 / 나의 방이다. 나는 편안함을 느낀다 / 그곳에서
내가 가장 좋아하는 장소는 나의 방이다. 나는 그곳에서 편안함을 느낀다.

Point 03 주어+동사+목적어(S+V+O) p.12

029 Leo writes a poem / every day.
Leo는 시를 쓴다 / 매일
Leo는 매일 시를 쓴다.

030 The cat chases the mouse.
그 고양이는 그 쥐를 뒤쫓는다.

031 Grace does not drink coffee / in the afternoon.
Grace는 커피를 마시지 않는다 / 오후에
Grace는 오후에 커피를 마시지 않는다.

032 Our English teacher checked / our homework.
우리 영어 선생님께서 검사하셨다 / 우리의 숙제를
우리 영어 선생님께서 우리의 숙제를 검사하셨다.

033 I met my cousin / yesterday. We watched a horror movie / together.
나는 내 사촌을 만났다 / 어제. 우리는 공포 영화를 보았다 / 함께
나는 어제 내 사촌을 만났다. 우리는 함께 공포 영화를 보았다.

034 Zoey made tomato soup / for lunch. Her family loved it.
Zoey는 토마토수프를 만들었다 / 점심으로. 그녀의 가족은 그것을 좋아했다.
Zoey는 점심으로 토마토수프를 만들었다. 그녀의 가족은 그것을 좋아했다.

035 I hurt my leg / last week. My best friend Lily helped me / a lot.

나는 다리를 다쳤다 / 지난주에. 나의 가장 친한 친구 Lily는 나를 도와줬다 / 많이
나는 지난주에 다리를 다쳤다. 나의 가장 친한 친구 Lily는 나를 많이 도와줬다.

Point 04 주어+동사+간접목적어+직접목적어 (S+V+IO+DO) p.13

039 He often shows people / a popular video.
그는 종종 사람들에게 보여 준다 / 인기 있는 동영상을
그는 종종 사람들에게 인기 있는 동영상을 보여 준다.

040 Blake gave me / a free concert ticket.
Blake는 나에게 주었다 / 무료 콘서트 표를
Blake는 나에게 무료 콘서트 표를 주었다.

041 She asked us / the actor's name.
그녀는 우리에게 물어보았다 / 그 배우의 이름을
그녀는 우리에게 그 배우의 이름을 물어보았다.

042 Audrey sends her friends / Christmas cards / every year.
Audrey는 그녀의 친구들에게 보낸다 / 크리스마스카드를 / 매년
Audrey는 매년 그녀의 친구들에게 크리스마스카드를 보낸다.

043 I know Luca. He teaches children / science / at school.
나는 Luca를 안다. 그는 아이들에게 가르친다 / 과학을 / 학교에서
나는 Luca를 안다. 그는 학교에서 아이들에게 과학을 가르친다.

044 Elliot read / an interesting novel. He told his little brother / the story.
Elliot은 읽었다 / 흥미로운 소설을. 그는 그의 남동생에게 이야기했다 / 그 줄거리를
Elliot은 흥미로운 소설을 읽었다. 그는 그 줄거리를 그의 남동생에게 이야기했다.

045 My father saw / my broken watch. So he bought me / a new one.
나의 아빠는 보셨다 / 나의 고장 난 시계를. 그래서 그는 나에게 사 주셨다 / 새것을
나의 아빠는 나의 고장 난 시계를 보셨다. 그래서 그는 나에게 새것을 사 주셨다.

Unit Practice pp.14~15

STEP 1

1 The train left / five minutes ago.
풀이 1형식 문장으로, 「주어+동사+수식어구」의 순서로 배열한다.

2 The library has many books.
풀이 3형식 문장으로, 「주어+동사+목적어」의 순서로 배열한다.

3 The sky gets dark / early / in the winter.
풀이 2형식 문장으로, 「주어+동사+주격보어+수식어구」의 순서로 배열한다.

4 My parents bought me / new sneakers / for my birthday.
풀이 두 개의 목적어가 필요한 동사 bought가 쓰인 4형식 문장으로, 「주어+동사+간접목적어+직접목적어+수식어구」의 순서로 배열한다.

STEP 2

1 Leah became hungry.
S V SC
Leah는 배가 고파졌다.
풀이 「주어+동사+주격보어」로 이루어진 2형식 문장으로, '~는 보어하게 …하다'로 해석한다.

2 I sent my teacher an email.
S V IO DO
나는 선생님께 이메일을 보냈다.
풀이 「주어+동사+간접목적어+직접목적어」로 이루어진 4형식 문장으로, 간접목적어는 '~에게', 직접목적어는 '~을'로 해석한다.

3 The chef shared her secret recipe.
S V O
그 요리사는 그녀의 비밀 요리법을 공유했다.
풀이 「주어+동사+목적어」로 이루어진 3형식 문장으로, '~가 목적어를 …하다'로 해석한다.

4 There are many leaves under the tree.
V S
그 나무 아래에 많은 나뭇잎이 있다.
풀이 1형식 문장으로, 「There+be동사+주어+수식어구」 구문은 '~가 …에 있다'로 해석한다.

5 My grandmother gave me her necklace. It looked nice.
S V IO DO S V SC
나의 할머니께서 내게 그녀의 목걸이를 주셨다. 그것은 멋져 보였다.
풀이 앞 문장은 4형식이고, 뒤 문장은 2형식이다.
구문 It: her necklace를 가리키는 대명사

6 A woman walked into a café, and she ordered an iced Americano.
S V S V O
한 여자가 카페로 걸어 들어갔고, 그녀는 아이스 아메리카노를 주문했다.
풀이 앞 절은 1형식이고, and 이하 절은 3형식이다.

구문 and: 앞 절 A woman~café와 and 이하 절 she~Americano를 연결

STEP 3

1 ①, ④ / ②, ③
Q ③

해석 당신은 얼룩무늬 유니콘 물고기에 대해 아는가? 그것은 약간 이상하게 보인다. 그것은 큰 뿔을 가지고 있다. 그 뿔은 사람의 코처럼 보인다. 또한, 그것은 특별한 능력을 가지고 있다. 그것은 자신의 색깔을 바꿈으로써 기분을 보여 준다. 그것은 보통 회색이다. 하지만 그것이 화가 났을 때 그것은 더 짙어진다.

구문해설

2행 The horn **looks like** a person's nose.
- ▶ look like+명사: ~처럼 보이다

4행 It shows its feelings **by changing** its color.
- ▶ by+v-ing: ~함으로써

5행 But **when** it *gets angry*, it becomes **darker**.
- ▶ when: ~할 때
- ▶ get+형용사: ~해지다
- ▶ 형용사-er: 더 ~한

문제해설

1 ①과 ④는 「주어+동사+주격보어」로 이루어진 2형식 문장, ②와 ③은 「주어+동사+목적어(+수식어구)」로 이루어진 3형식 문장이다.

Q 화가 났을 때 색이 더 짙어진다고 했으므로, 글의 내용과 일치하지 않는 것은 ③이다.

2 Other birds fly across the planet.

해석 어떤 동물들은 매년 자신의 집을 떠난다. 그들은 따뜻한 날씨를 찾아 떠난다. 새들이 좋은 예이다. 어떤 새들은 겨우 몇 킬로미터만 날아간다. 다른 새들은 지구를 가로질러 날아간다. 예를 들어, 북극제비갈매기들은 북극에 있는 그들의 둥지를 떠나 남극으로 날아간다!

구문해설

2행 **Some** birds fly *only a few* kilometers. **Other** birds fly across the planet.
- ▶ some ~, other ...: 어떤 ~들은, 다른 …들은
- ▶ only a few: 겨우 ~만

문제해설

2 1형식 문장으로, 「주어+동사+수식어구」의 순서로 배열한다.

Point 05 주어+동사+목적어+목적격보어 I (S+V+O+OC) p.16

051 I leave / the windows open.
나는 둔다 / 창문들을 열린 채로
나는 창문들을 열린 채로 둔다.

052 Anger turned / Joe's face red.
분노가 변하게 했다 / Joe의 얼굴을 빨갛게
분노가 Joe의 얼굴을 빨갛게 변하게 했다.

053 Some students find / math difficult.
몇몇 학생들이 생각한다 / 수학을 어렵다고
몇몇 학생들이 수학을 어렵다고 생각한다.

054 Jamie considers / his father a hero.
Jamie는 여긴다 / 그의 아빠를 영웅으로
Jamie는 그의 아빠를 영웅으로 여긴다.

055 Morris found / the main dish cheap and delicious.
Morris는 생각했다 / 주요리가 싸고 맛있다고
Morris는 주요리가 싸고 맛있다고 생각했다.

056 The weather is very cold / now, // but this coat keeps / me warm.
날씨가 매우 춥다 / 지금, // 하지만 이 코트가 유지해 준다 / 나를 따뜻하게
날씨가 지금 매우 춥지만 이 코트가 나를 따뜻하게 유지해 준다.

057 My father calls / me a princess. It makes / me happy.
나의 아버지는 부르신다 / 나를 공주라고. 그것은 만든다 / 나를 행복하게
나의 아버지는 나를 공주라고 부르신다. 그것은 나를 행복하게 만든다.

Point 06 주어+동사+목적어+목적격보어 II (S+V+O+OC) p.17

062 The man told / her to sit.
그 남자는 말했다 / 그녀에게 앉으라고
그 남자는 그녀에게 앉으라고 말했다.

063 Justin does not let / me use his computer.
Justin은 하지 않는다 / 내가 그의 컴퓨터를 사용하게
Justin은 내가 그의 컴퓨터를 사용하지 못하게 한다.

064 Harper asked / her to bring his report.
Harper는 부탁했다 / 그녀에게 그의 보고서를 가져올 것을
Harper는 그녀에게 그의 보고서를 가져올 것을 부탁했다.

065 The wind makes / me feel cold.
바람은 한다 / 내가 추위를 느끼게
바람은 내가 추위를 느끼게 한다.

066 I heard / a dog bark / loudly / outside.
나는 들었다 / 개가 짖는 것을 / 큰 소리로 / 밖에서
나는 개가 밖에서 큰 소리로 짖는 것을 들었다.

067 The strong wind caused / the door to open. She asked / me to close it.

강한 바람이 하게 했다 / 문이 열리게. 그녀는 부탁했다 / 나에게 그것을 닫아 줄 것을

강한 바람이 문이 열리게 했다. 그녀는 나에게 그것을 닫아 줄 것을 부탁했다.

068 The teacher had / him answer the question. He felt / his heart beat fast.

선생님은 하셨다 / 그가 그 질문에 대답하게. 그는 느꼈다 / 그의 심장이 빠르게 뛰는 것을

선생님은 그가 그 질문에 대답하게 하셨다. 그는 그의 심장이 빠르게 뛰는 것을 느꼈다.

Unit Practice pp.18~19

STEP 1

1 Jamie considers / his father a hero.

풀이 목적어 his father를 보충 설명하는 목적격보어로 명사 a hero가 오도록 배열한다.

2 I heard / my mom call me.

풀이 목적어 my mom을 보충 설명하는 목적격보어로 동사원형 call이 오도록 배열한다.

3 The heater keeps / my room warm.

풀이 목적어 my room을 보충 설명하는 목적격보어로 형용사 warm이 오도록 배열한다.

4 Heavy rain makes / the river flow fast.

풀이 목적어 the river를 보충 설명하는 목적격보어로 동사원형 flow가 오도록 배열한다.

구문 fast: 동사 flow를 수식하는 부사

STEP 2

1 I found the festival entertaining.
S V O OC

나는 그 축제가 재미있다고 생각했다.

풀이 「found+목적어+목적격보어(형용사)」는 '목적어가 ~라고 생각했다'로 해석한다.

2 Everyone saw the big bird fly.
S V O OC

모든 사람이 그 큰 새가 나는 것을 보았다.

풀이 「saw+목적어+목적격보어(동사원형)」는 '목적어가 ~하는 것을 보았다'로 해석한다.

3 The staff let me try on these pants.
S V O OC

그 직원은 내가 이 바지를 입어보게 했다.

풀이 「let+목적어+목적격보어(동사원형)」는 '목적어가 ~하게 했다'로 해석한다.

4 The hotel allows guests to bring their pets.
S V O OC

그 호텔은 손님들이 그들의 반려동물을 데려오는 것을 허용한다.

풀이 「allows+목적어+목적격보어(to-v)」는 '목적어가 ~하는 것을 허용한다'로 해석한다.

5 People call us the best band of the year.
S V O OC

사람들은 우리를 그해 최고의 밴드라고 부른다.

풀이 「call+목적어+목적격보어(명사)」는 '목적어를 ~라고 부른다'로 해석한다.

구문 of the year: 명사구 the best band를 수식하는 전치사구

6 I want you to send your grandfather a message.
S V O OC

나는 네가 너의 할아버지께 메시지를 보내기를 원한다.

풀이 「want+목적어+목적격보어(to-v)」는 '목적어가 ~하기를 원하다'로 해석한다.

구문 send+간접목적어+직접목적어: ~에게 …을 보내다

STEP 3

1 (A) fresh (B) to grow
Q (1) T (2) F

해석 나는 우리 집에서 허브를 기른다. 나는 그것들을 시원하고 밝은 곳에 둔다. 나는 매주 그것들에게 물을 주고 그것들을 (A)신선하게 유지한다. 나는 그것들이 조금씩 자라는 것을 본다. 나는 그것들이 잘 (B)자라기를 원한다. 나는 그것들의 신선한 향기를 곧 즐기기를 바란다.

구문해설

1행 I put **them** in a cool and bright place.
▶ herbs를 가리키는 대명사

3행 I **watch them grow** little by little.
▶ watch+목적어+목적격보어(동사원형): 목적어가 ~하는 것을 보다

4행 I **hope to enjoy** their fresh scents soon.
▶ hope+to-v: ~하기를 바라다

문제해설

1 (A) 동사 keep의 목적격보어 자리이므로 형용사를 쓴다. 목적격보어로 부사는 쓸 수 없다.
(B) 동사 want는 목적격보어로 to부정사를 쓴다.

Q (1) 1행 I put them ~ place.에서 허브를 시원하고 밝은 곳에 둔다는 것을 알 수 있다.
(2) 곧 허브 향을 즐기기를 바란다고 했으므로, 현재는 허브 향을 맡을 수 없다.

2 Her movies make people feel sleepy

해석 어떤 영화들은 사람들을 졸리게 만든다. 그리고 영화 제작자 Sondra Lowell은 그녀의 영화를 보는 동안 사람들이 졸음을 느끼기를 원한다. 수년 전에 그녀는 영화 각본 쓰기 수업을 들었다. 선생님들은 그녀의 영화들을 지루하다고 생각했다. 그러나 Sondra는 멈추지

않았다. 그녀는 새로운 영화 장르인 Film Sleepy를 만들었다. 그녀는 영화 두 편을 만들었다. 그녀의 영화들은 사람들이 잘 자도록 해 준다.

영화 제작자 Sondra Lowell은 Film Sleepy라고 불리는 새로운 영화 장르를 만들었다. 사람들이 그것을 볼 때 그녀의 영화들은 사람들을 졸리게 한다.

구문해설

1행 And filmmaker Sondra Lowell **wants people to *feel* sleepy** during her movies.

▶ want+목적어+목적격보어(to-v): 목적어가 ~하기를 원하다

▶ feel+형용사: ~하게 느끼다

2행 Years ago, she **took** movie writing **classes**.

▶ take a class: 수업을 듣다

3행 She invented **a new movie genre, Film Sleepy**.

▶ a new movie genre와 Film Sleepy는 동격

문제해설

2 「주어(Her movies)+동사(make)+목적어(people)+목적격보어(feel sleepy)」로 쓴다. 「feel+형용사」는 '~하게 느끼다'의 의미이다.

Wrap Up

p.20

❶ 주격보어 ❷ 목적어 ❸ 목적격보어

1 Joanna eats toast for breakfast.
2 They consider the movie exciting.
3 There is a sea near my town.
4 My mother made me wash the dishes.
5 This painting looks interesting.
6 He bakes me cookies on Sundays.

UNIT 02 주어의 이해

Point 01 주어의 개념

p.22

074 What is so funny?
무엇이 그렇게 재미있니?

075 My neighbor / always shares food / with us.
내 이웃은 / 항상 음식을 나눈다 / 우리와
내 이웃은 우리와 항상 음식을 나눈다.

076 There are many cars / on the road.
많은 차가 있다 / 길 위에
길 위에 많은 차가 있다.

077 *Cinderella* is / a famous children's story.
신데렐라는 ~이다 / 유명한 동화
신데렐라는 유명한 동화이다.

078 There are two spoons / on the table. Which is yours?
두 개의 숟가락이 있다 / 식탁 위에. 어느 것이 너의 것이니?
식탁 위에 두 개의 숟가락이 있다. 어느 것이 너의 것이니?

079 I turned off the light / five minutes ago. Who turned it on / again?
나는 전등을 껐다 / 5분 전에. 누가 그것을 켰니 / 다시
나는 5분 전에 전등을 껐다. 누가 그것을 다시 켰니?

080 My little brother and I / play soccer / together. It is my favorite sport.
내 남동생과 나는 / 축구를 한다 / 함께. 그것은 내가 매우 좋아하는 운동이다.
내 남동생과 나는 함께 축구를 한다. 그것은 내가 매우 좋아하는 운동이다.

Point 02 동명사와 to부정사

p.23

086 Waiting in line 〈for a long time〉 / is boring.
줄을 서서 기다리는 것은 〈오랫동안〉 지루하다
오랫동안 줄을 서서 기다리는 것은 지루하다.

087 To travel 〈to New York〉 / is my plan 〈for this vacation〉.
여행 가는 것이 〈뉴욕으로〉 / 나의 계획이다 〈이번 방학을 위한〉
뉴욕으로 여행 가는 것이 이번 방학을 위한 나의 계획이다.

088 Watching a *mukbang* 〈at night〉 / makes me hungry.
먹방을 보는 것은 〈밤에〉 / 나를 배고프게 만든다.
밤에 먹방을 보는 것은 나를 배고프게 만든다.

089 Pushing this button / turns the machine on.
이 버튼을 누르는 것은 / 그 기계가 켜지게 한다.

090 Moving 〈to a new town〉 / is tough. But making new friends / is fun.
이사 가는 것은 〈새로운 동네로〉 / 힘들다. 그러나 새로운 친구들을 사귀는 것은 / 재미있다.
새로운 동네로 이사 가는 것은 힘들다. 그러나 새로운 친구들을 사귀는 것은 재미있다.

091 Learning languages / is not easy. To speak a language / requires practice.

언어를 배우는 것은 / 쉽지 않다. 언어로 말하는 것은 / 연습을 필요로 한다.

092 Smartphones are convenient. But using them too much / is not good.

스마트폰은 편리하다. 하지만 그것을 너무 많이 사용하는 것은 / 좋지 않다.

Unit Practice pp.24~25

STEP 1

1 What makes / you happy?

풀이 의문대명사 what을 주어로 하는 의문문으로, 「What+동사+목적어+목적격보어」의 순서로 배열한다.

2 The teacher gave the students / a quiz.

풀이 「주어(The teacher)+동사(gave)+간접목적어(the students)+직접목적어(a quiz)」의 순서로 배열한다.

3 Waiting in line / for a long time / is boring.

풀이 수식어구 for a long time이 있는 동명사구 Waiting ~ time을 주어로 하여 배열한다.

4 They visit the gym / every week.

풀이 주어로 주격대명사 they가 쓰인 문장으로, 「주어(They)+동사(visit)+목적어(the gym)+수식어구(every week)」의 순서로 배열한다.

구문 every week: 동사 visit를 수식하는 부사구

STEP 2

1 Who teaches you English?

누가 너에게 영어를 가르치니?

풀이 주어로 쓰인 의문대명사 who는 '누가'로 해석한다.

구문 teach+간접목적어+직접목적어: ~에게 …을 가르치다

2 Talking with strangers makes me nervous.

낯선 사람들과 이야기하는 것은 나를 긴장하게 한다.

풀이 동명사구 주어는 '~하는 것은'으로 해석한다.

구문 ▶ makes: 동명사구 주어 Talking with strangers를 단수 취급

▶ make+목적어+목적격보어(형용사): 목적어를 ~하게 만들다

3 There are many children on the playground.

운동장에 많은 아이들이 있다.

풀이 「There+be동사+주어(+수식어구)」 구문으로, '(~에) …가 있다'로 해석한다.

4 Remembering lots of phone numbers is not easy.

많은 전화번호를 기억하는 것은 쉽지 않다.

풀이 동명사구 주어는 '~하는 것은'으로 해석한다.

5 Sebastian and his wife booked a flight to Australia.

Sebastian과 그의 아내는 호주로 가는 항공편을 예약했다.

풀이 주어가 복수인 점에 주의하여 해석한다.

구문 ▶ and: 명사 Sebastian과 his wife를 연결

▶ to Australia: 명사 a flight를 수식하는 전치사구

6 Working with other people requires good communication skills.

다른 사람들과 일하는 것은 훌륭한 의사소통 능력을 필요로 한다.

풀이 동명사구 주어는 '~하는 것은'으로 해석한다.

구문 with other people: 동명사 Working을 수식하는 전치사구

STEP 3

1 ④ / Watching the fancy beds

Q ①

해석 침대와 함께 달리는 것은 이상하게 들린다. 그러나 그것은 영국에서 공식적인 달리기 대회이다. 달리기 대회 동안, 사람들은 달리면서 바퀴가 달린 침대를 끌어당긴다. 그러나 그것은 경주의 한 부분일 뿐이다. 그것 전에 선수들은 그들의 흥미롭고 다채로운 침대를 가지고 행진한다. 화려한 침대들을 보는 것은 매우 재미있다.

구문해설

1행 **Running with a bed** *sounds strange*.

▶ Running with a bed: 동명사구 주어

▶ sound+형용사: ~하게 들리다

2행 However, **that** is only one part of the race.

▶ that: 앞 문장(During the race ~ wheels.) 전체를 가리키는 대명사

문제해설

1 ④ 문장의 주어는 동명사구인 Watching the fancy beds이다. the fancy beds는 동명사 Watching의 목적어이다.

Q 영국에서 개최되는 침대를 끌며 달리는 경주를 소개하는 글이므로, 글의 주제로 ①이 가장 적절하다.

2 (A) Eating rice with beans

(B) eating tomatoes with sugar

해석 어떤 음식들은 함께 잘 어울리지만, 다른 것들은 어울리지 않는다. (A) 쌀을 콩과 함께 먹는 것은 당신에게 좋다. 쌀에는 단백질이 거의 없지만, 콩은 많은 단백질을 가지고 있다. 반면에, (B) 토마토를 설탕과 함께 먹는 것은 건강에 좋지 않다. 토마토는 많은 비타민을 가지고 있다. 그러나 설탕이 그 비타민의 이로움을 제한한다.

구문해설

2행 Rice has **little** protein, but beans have *a lot of* protein.

▶ little: 거의 없는

▶ a lot of: 많은

문제해설

2 (A), (B) 동명사(eating) 뒤에 목적어(rice, tomatoes)와 수식어구(with beans, with sugar)가 오도록 단어를 배열한다.

Wrap Up p.26

❶ 주어 ❷ v-ing ❸ to-v

1 Who wants pizza?
2 There is a big balloon above the building.
3 To do well in school is my goal.
4 He works in the hospital.
5 Climbing this mountain is difficult.
6 Getting up early is a good habit.

UNIT 03 목적어의 이해

Point 01 목적어의 개념 p.28

098 He speaks English / well.
그는 영어를 한다 / 잘
그는 영어를 잘한다.

099 Rapunzel has / long blonde hair.
Rapunzel은 가지고 있다 / 긴 금발 머리를
Rapunzel은 긴 금발 머리를 가지고 있다.

100 My mom cooks / a delicious dinner / every day.
우리 엄마는 요리하신다 / 맛있는 저녁을 / 매일
우리 엄마는 매일 맛있는 저녁을 요리하신다.

101 We usually have a picnic / on Fridays.
우리는 보통 소풍을 간다 / 금요일마다
우리는 보통 금요일마다 소풍을 간다.

102 Zion studies math / with his friends / after school.
Zion은 수학을 공부한다 / 그의 친구들과 / 방과 후에
Zion은 방과 후에 그의 친구들과 수학을 공부한다.

103 I trust him. He always tells / the truth.
나는 그를 믿는다. 그는 언제나 말한다 / 진실을
나는 그를 믿는다. 그는 언제나 진실을 말한다.

104 Nova collects stickers. She puts them / on her laptop.
Nova는 스티커를 모은다. 그녀는 그것들을 붙인다 / 그녀의 노트북에
Nova는 스티커를 모은다. 그녀는 그녀의 노트북에 그것들을 붙인다.

Point 02 동명사와 to부정사 p.29

109 We hope / to see you / soon.
우리는 바란다 / 너를 보기를 / 곧
우리는 곧 너를 보기를 바란다.

110 She needs / to apologize 〈for her mistake〉.
그녀는 필요로 한다 / 사과하는 것을 〈그녀의 잘못에 대해〉
그녀는 그녀의 잘못에 대해 사과할 필요가 있다.

111 I promise / to clean my room / tomorrow.
나는 약속한다 / 내 방을 청소할 것을 / 내일
나는 내일 내 방을 청소할 것을 약속한다.

112 Please avoid / playing the piano 〈after nine o'clock〉.
피해 주세요 / 피아노를 연주하는 것을 〈9시 이후에〉
9시 이후에 피아노를 연주하는 것을 피해 주세요.

113 Don't give up / singing. You have / a wonderful voice.
포기하지 마 / 노래하는 것을. 너는 가졌어 / 훌륭한 목소리를
노래하는 것을 포기하지 마. 너는 훌륭한 목소리를 가졌어.

114 Dona likes exercising[to exercise]. A month ago, / she started / doing[to do] Pilates.
Dona는 운동하는 것을 좋아한다. 한 달 전 / 그녀는 시작했다 / 필라테스를
Dona는 운동하는 것을 좋아한다. 한 달 전 그녀는 필라테스를 시작했다.

115 He wishes / to travel around the world. He doesn't mind / spending lots of money.
그는 바란다 / 전 세계를 여행하기를. 그는 신경 쓰지 않는다 / 많은 돈을 쓰는 것
그는 전 세계를 여행하기를 바란다. 그는 많은 돈을 쓰는 것을 신경 쓰지 않는다.

Unit Practice pp.30~31

STEP 1

1 Emma always welcomes / us.
풀이 동사 welcomes의 목적어로 목적격 대명사 us가 오도록 배열한다.

2 I remember / my sister's graduation party.

풀이 동사 remember의 목적어로 my sister's의 수식을 받은 명사구 my sister's graduation party가 오도록 배열한다.

3 She hopes / to win the prize.

풀이 동사 hopes의 목적어로 to부정사구 to win the prize가 오도록 배열한다.

4 Please avoid / playing the piano / after nine o'clock.

풀이 동사 avoid의 목적어로 동명사구 playing ~ nine o'clock이 오도록 배열한다.

구문 after nine o'clock: 동명사구 playing the piano를 수식하는 전치사구

STEP 2

1 Ricky has a lot of comic books.

Ricky는 많은 만화책을 가지고 있다.

풀이 동사 has의 목적어로 형용사구 a lot of의 수식을 받은 명사구 a lot of comic books가 오도록 배열한다.

2 We want to go home early today.

우리는 오늘 집에 일찍 가기를 원한다.

풀이 동사 want의 목적어로 to부정사 to go ~ today가 쓰였고, 「want+to-v」는 '~하기를 원하다'로 해석한다.

3 I usually finish doing all my homework by 11:00 p.m.

나는 대개 나의 모든 숙제를 밤 11시까지 끝낸다.

풀이 동사 finish의 목적어로 동명사 doing ~ homework가 쓰였고, 「finish+v-ing」는 '~하는 것을 끝내다'로 해석한다.

구문 by: ~까지

4 Children enjoy playing games on smartphones.

아이들은 스마트폰으로 게임을 하는 것을 즐긴다.

풀이 동사 enjoy의 목적어로 동명사 playing ~ smartphones가 쓰였고, 「enjoy+v-ing」는 '~하는 것을 즐기다'로 해석한다.

5 She loves to swim in the pool on hot summer days.

그녀는 더운 여름날에 수영장에서 수영하는 것을 아주 좋아한다.

풀이 동사 loves의 목적어로 to부정사 to swim ~ days가 쓰였고, 「love+to-v[v-ing]」는 '~하는 것을 아주 좋아하다'로 해석한다.

6 Nancy picks up our children and takes them to school.

Nancy는 우리 아이들을 차에 태워서 그들을 학교에 데려다준다.

풀이 구동사 picks up의 목적어로 명사구 our children이 쓰였고, 동사 takes의 목적어로 목적격 대명사 them이 쓰였다.

구문 ▶ and: 동사구 picks up our children과 takes them to school을 연결

▶ them: our children을 가리키는 대명사

STEP 3

1 (A) to give (B) playing (C) living

Q ③

해석 중국의 한 동물원에서 한 어미 호랑이가 세 마리의 새끼들을 데리고 있다. 그 새끼 호랑이들은 음식과 보호가 필요하다. 그러나 어미는 그들에게 먹이를 주지 않는다. 그래서 동물원 사육사들은 그들에게 새로운 어미를 주기로 결정한다. 새로운 어미는 개이다! 호랑이들은 그들의 새로운 어미를 매우 좋아한다. 그들은 심지어 그들의 강아지 형제자매들과 노는 것을 즐긴다. 그들은 그들의 새로운 개 가족과 사는 것을 좋아한다.

구문해설

2행 But **she** does not feed *them*.

▶ she: a mother tiger를 가리키는 대명사

▶ them: the baby tigers를 가리키는 대명사

Therefore, zookeepers **decide to *give*** *them a new mother*.

▶ decide+to-v: ~하기로 결정하다

▶ give+간접목적어+직접목적어: ~에게 …을 주다

문제해설

1 (A) 동사 decide는 목적어로 to부정사를 쓰므로, to give가 적절하다.

(B) 동사 enjoy는 목적어로 동명사를 쓰므로, playing이 적절하다.

(C) 동사 like는 목적어로 동명사와 to부정사를 둘 다 쓰므로, 동명사 living이 적절하다.

Q 새끼 호랑이들은 강아지 형제자매들과 노는 것을 즐기고 새로운 개 가족과 사는 것을 좋아한다고 했으므로, ③은 글의 내용과 일치하지 않는다.

2 the runners practice running the marathon

해석 매년 10월에 대공원은 가을 마라톤을 개최한다. 그것은 그곳에서 유명한 마라톤이다. 많은 사람들이 그것에 참가한다. 9월에 주자들은 함께 마라톤을 뛰는 것을 연습한다. 마라톤을 뛰는 것은 쉽지 않다. 어떤 사람들은 정말 열심히 연습해서 메달을 받기를 기대한다. 그러나 다른 사람들은 단지 재미로 이 행사에 참가한다.

구문해설

2행 Many people join **it**.

▶ the Fall Marathon을 가리키는 대명사

Running the marathon is not easy.

▶ 동명사구 주어

3행 **Some** people ~ and *expect to get* a medal.

▶ some: 어떤 ~

▶ expect+to-v: ~하기를 기대하다

문제해설

2 동사 practice는 목적어로 동명사를 쓰므로, 동사 run을 동명사 running으로 바꿔 쓴 뒤 「주어(the runners)+동사(practice)+목적어(running the marathon)」의 순서로 단어를 배열한다.

Wrap Up p.32

❶ 동사 ❷ 목적어 ❸ v-ing

1 I play basketball every weekend.
2 She enjoys reading books.
3 Julie has three cute cats.
4 Katlin sometimes visits them.
5 I want to eat something cold.
6 Sam likes meeting[to meet] new people.

UNIT 04 보어의 이해

Point 01 보어의 개념과 종류 p.34

121 Today is / the last day 〈of this month〉.
오늘이 ~이다 / 마지막 날 〈이달의〉
오늘이 이달의 마지막 날이다.

122 Kids' smiles make / people happy.
아이들의 미소는 만든다 / 사람들을 행복하게
아이들의 미소는 사람들을 행복하게 만든다.

123 Andrew wants / us to stay / for a long time.
Andrew는 원한다 / 우리가 머물기를 / 오랫동안
Andrew는 우리가 오랫동안 머물기를 원한다.

124 In winter, / our skin easily becomes dry.
겨울에는 / 우리의 피부가 쉽게 건조해진다.

125 She is a great pianist. We call / her "the Queen 〈of the Keyboard〉."
그녀는 훌륭한 피아니스트이다. 우리는 부른다 / 그녀를 여왕이라고 〈'건반의'〉
그녀는 훌륭한 피아니스트이다. 우리는 그녀를 '건반의 여왕'이라고 부른다.

126 The weather is freezing. I want / my mom to buy warmer clothes / for me.
날씨가 너무 춥다. 나는 원한다 / 엄마가 더 따뜻한 옷을 사 주시길 / 나를 위해
날씨가 너무 춥다. 나는 엄마가 나를 위해 더 따뜻한 옷을 사 주시길 원한다.

127 My uncle is a famous cook. I sometimes ask / him to make special dishes.
나의 삼촌은 유명한 요리사이다. 나는 가끔 부탁한다 / 그에게 특별한 요리를 만들어 줄 것을
나의 삼촌은 유명한 요리사이다. 나는 가끔 그에게 특별한 요리를 만들어 줄 것을 부탁한다.

Point 02 주격보어_명사와 형용사 p.35

132 This hamburger tastes spicy.
이 햄버거는 매운맛이 난다.

133 They are popular soccer players.
그들은 인기 있는 축구 선수들이다.

134 Traveling 〈to foreign countries〉 / is fun.
여행 가는 것은 〈외국으로〉 / 재미있다.
외국으로 여행 가는 것은 재미있다.

135 In the evening, / the sky turns dark.
저녁에, / 하늘은 어두워진다.

136 Her songs became famous. I was proud of her.
그녀의 노래는 유명해졌다. 나는 그녀가 자랑스러웠다.

137 Brian seemed nervous / on the stage. His face turned pale.
Brian은 불안해 보였다 / 무대 위에서. 그의 얼굴이 창백해졌다.
Brian은 무대 위에서 불안해 보였다. 그의 얼굴이 창백해졌다.

138 Learning the violin / sounds difficult. But for me, / it isn't.
바이올린을 배우는 것은 / 어렵게 들린다. 하지만 나에게는 그렇지 않다.

Unit Practice pp.36~37

STEP 1

1 He is twenty-two years old.
풀이 주격보어로 쓰인 형용사구 twenty-two years old가 be동사 is 뒤에 오도록 배열한다.

2 Your words sound rude.
풀이 주격보어로 쓰인 형용사 rude가 동사 sound 뒤에 오도록 배열한다.

3 I call / my cat Pepper.
풀이 목적격보어로 쓰인 명사 Pepper가 목적어 my cat 뒤에 오도록 배열한다.

4 My favorite soccer player / is Son Heung-min.

풀이 주격보어로 쓰인 명사 Son Heung-min이 be동사 is 뒤에 오도록 배열한다.

STEP 2

1 That is Stella's toothbrush.

저것은 Stella의 칫솔이다.

풀이 be동사 is 뒤에 주격보어로 명사구 Stella's toothbrush가 쓰였다. 「be동사+명사」는 '~이다'로 해석한다.

2 I become sleepy after a long day.

나는 긴 하루 뒤에 졸려진다.

풀이 동사 become 뒤에 주격보어로 형용사 sleepy가 쓰였다. 「become+형용사」는 '~(해)지다'로 해석한다.

구문 after: ~ 뒤에[후에]

3 We want our guests to feel comfortable.

우리는 손님들이 편안하게 느끼기를 원한다.

풀이 목적어 our guests 뒤에 목적격보어로 to부정사구 to feel comfortable이 쓰였다. 「want+목적어+to-v」는 '목적어가 ~하기를 원하다'로 해석한다.

4 The fine dust seems severe these days.

미세먼지가 요즘 심각해 보인다.

풀이 동사 seems 뒤에 주격보어로 형용사 severe가 쓰였다. 「seem+형용사」는 '~하게 보이다'로 해석한다.

구문 these days: 동사 seems를 수식하는 부사구

5 The baby's skin feels very soft and smooth.

그 아기의 피부는 매우 부드럽고 매끈하다.

풀이 동사 feels 뒤에 주격보어로 형용사구 very soft and smooth가 쓰였다. 「feel+형용사」는 '~하게 느끼다'로 해석한다.

6 The ice cream looks delicious on a hot day.

그 아이스크림은 더운 날에 맛있어 보인다.

풀이 동사 looks 뒤에 주격보어로 형용사 delicious가 쓰였다. 「look+형용사」는 '~하게 보이다'로 해석한다.

구문 on a hot day: 동사 looks를 수식하는 전치사구

STEP 3

1 people do not get angry about the water fights

Q ①

해석 전통적으로 태국 사람들은 4월에 새해를 기념한다. 그달에 그들은 3일 동안 새해 축제를 연다. 그것의 이름은 Songkran이다. Songkran 동안 사람들은 다른 사람들에게 물을 뿌린다. 그들은 또한 버스와 집에도 물을 뿌린다. 그러나 사람들은 그 물싸움에 대해 화를 내지 않는다. Songkran 동안 물을 뿌리는 것은 새해를 위한 행운을 의미한다.

구문해설

2행 ~, they hold a New Year's festival **for three days**.

▶ for+기간: ~ 동안

3행 **During Songkran**, people throw water on others.

▶ during+특정 시점: ~ 동안

6행 ~, **throwing water** means good luck for the new year.

▶ 동명사구 주어

문제해설

1 주격보어 angry가 동사 do not get 뒤에 오도록 배열한다.

Q 태국의 새해 축제인 Songkran을 소개하는 글이므로, 글의 주제로 ①이 가장 적절하다.

2 ③ dangerously → dangerous

④ happily → happy

해석 다리미질은 지루해 보인다. 그러나 어떤 사람들에게 그것은 매우 신난다! 그들은 산꼭대기나 스노보드 경사면에서 옷을 다린다. 어떤 사람들은 심지어 강 한가운데에서 다리미질을 한다! 이것은 Extreme Ironing이다. 그것은 위험해 보인다. 그러나 참가자들은 그것을 매우 좋아한다. 그들에게 그것은 재미있는 취미이다. 그들은 이 취미로 행복을 느낀다.

구문해설

1행 Ironing **seems boring**.

▶ seem+형용사: ~하게 보이다

2행 Some people even iron **in the middle of** a river!

▶ in the middle of: ~의 한가운데에서

문제해설

2 ③, ④는 동사 looks와 feel의 주격보어 자리이므로 부사가 올 수 없다. 따라서, ③ dangerously, ④ happily를 dangerous, happy로 고쳐 쓴다.

Point 03 목적격보어_명사와 형용사 p.38

144 My mother still calls / me "baby."

나의 어머니는 아직도 부르신다 / 나를 '아기'라고

나의 어머니는 아직도 나를 '아기'라고 부르신다.

145 Sweaters keep / you warm / in cold weather.

스웨터는 유지해 준다 / 너를 따뜻하게 / 추운 날씨에

스웨터는 추운 날씨에 너를 따뜻하게 해 준다.

146 Please leave / this box empty.

두세요 / 이 상자를 비워

이 상자를 비워 두세요.

147 People consider / Albert Einstein a genius.

사람들은 여긴다 / 알베르트 아인슈타인을 천재로

사람들은 알베르트 아인슈타인을 천재로 여긴다.

148 Don't worry! Your English teacher finds / your essay impressive.
걱정하지 마라! 영어 선생님은 생각하신다 / 너의 과제물이 인상적이라고
걱정하지 마라! 영어 선생님은 너의 과제물이 인상적이라고 생각하신다.

149 Rules sometimes make / people's lives hard. However, / they keep / people safe.
규칙은 때때로 만든다 / 사람들의 삶을 힘들게. 하지만, / 그것들은 유지해 준다 / 사람들을 안전하게
규칙은 때때로 사람들의 삶을 힘들게 한다. 하지만 그것들은 사람들을 안전하게 한다.

150 I find / the author's new novel interesting. Many people call / it his best work.
나는 생각한다 / 그 작가의 새 소설이 재밌다고. 많은 사람들이 부른다 / 그것을 그의 최고의 작품이라고
나는 그 작가의 새 소설이 재밌다고 생각한다. 많은 사람들이 그것을 그의 최고의 작품이라고 부른다.

Point 04 목적격보어_to부정사 p.39

154 Julian wants / you to join the science club.
Julian은 원한다 / 네가 과학 동아리에 가입하기를
Julian은 네가 과학 동아리에 가입하기를 원한다.

155 My father always tells / me to help other people.
나의 아버지는 항상 말씀하신다 / 나에게 다른 사람들을 도우라고
나의 아버지는 항상 나에게 다른 사람들을 도우라고 말씀하신다.

156 My neighbor sometimes asks / me to look after his dog.
나의 이웃은 때때로 부탁한다 / 나에게 그의 개를 돌봐 달라고
나의 이웃은 때때로 나에게 그의 개를 돌봐 달라고 부탁한다.

157 She teaches her children / to keep their rooms clean.
그녀는 그녀의 아이들에게 가르친다 / 그들의 방을 깨끗하게 하라고
그녀는 그녀의 아이들에게 그들의 방을 깨끗하게 하라고 가르친다.

158 Oscar wants / his daughter to be happy.
Oscar는 바란다 / 그의 딸이 행복하기를
Oscar는 그의 딸이 행복하기를 바란다.

159 I expect / all of my friends to come / to my birthday party / tomorrow.
나는 기대한다 / 내 친구들 모두가 오기를 / 내 생일 파티에 / 내일
나는 내일 내 생일 파티에 내 친구들 모두가 오기를 기대한다.

160 E-books allow / us to read books / anywhere. I want / more people to use them.
전자책은 가능하게 한다 / 우리가 책을 읽는 것을 / 어디서든. 나는 원한다 / 더 많은 사람들이 그것들을 사용하기를
전자책은 우리가 어디서든 책을 읽을 수 있게 한다. 나는 더 많은 사람들이 그것들을 사용하기를 원한다.

Unit Practice pp.40~41

STEP 1

1 The slow music makes / me sleepy.
풀이 목적어 me 뒤에 목적격보어인 형용사 sleepy가 오도록 배열한다.

2 People call / Jason an expert.
풀이 목적어 Jason 뒤에 목적격보어인 명사 an expert가 오도록 배열한다.

3 Everyone wants / the war to end.
풀이 목적어 the war 뒤에 목적격보어인 to부정사 to end가 오도록 배열한다.

4 My father always tells / me to help other people.
풀이 목적어 me 뒤에 목적격보어인 to부정사구 to help other people이 오도록 배열한다.
구문 other people: 동사 help의 목적어

STEP 2

1 I consider this place my real home.
나는 이 장소를 나의 진정한 집으로 여긴다.
풀이 「consider+목적어+목적격보어(명사)」는 '목적어를 ~로 여기다'로 해석한다.

2 I expect him to keep his promises.
나는 그가 약속을 지키기를 기대한다.
풀이 「expect+목적어+목적격보어(to부정사구)」는 '목적어가 ~하기를 기대한다'로 해석한다.
구문 his promises: 동사 keep의 목적어

3 My teacher always tells us to be quiet.
나의 선생님은 언제나 우리에게 조용히 하라고 말씀하신다.
풀이 「tell+목적어+목적격보어(to부정사구)」는 '목적어에게 ~하라고 말하다'로 해석한다.
구문 always: 항상, 언제나 (빈도부사)

4 We find the bus crowded during rush hour.
우리는 러시아워 동안 그 버스가 붐빈다고 생각한다.
풀이 「find+목적어+목적격보어(형용사)」는 '목적어가 ~하다고 생각하다[여기다]'로 해석한다.
구문 during+특정 시점: ~ 동안

5 A heavy rainfall leaves the streets slippery.
폭우는 거리를 미끄럽게 한다.
풀이 「leave+목적어+목적격보어(형용사)」는 '목적어를 ~하게 하다[두다]'로 해석한다.

6 This new camera allows us to take high-quality pictures.
이 새로운 카메라는 우리가 고품질의 사진을 찍는 것을 가능하게 한다.
풀이 「allow+목적어+목적격보어(to부정사구)」는 '목적어가 ~하는 것을 가능하게 하다'로 해석한다.
구문 high-quality pictures: 동사 take의 목적어

STEP 3

1 the hot weather makes the race hard
Q ②

해석 매년 선수들은 사하라 사막에서 경주를 한다. 사람들은 그 경주를 *Marathon des Sables*라고 이름 지었다. 선수들은 6일에 걸쳐 249킬로미터를 달린다. 물론 더운 날씨가 경주를 힘들게 만든다. 주자들은 또한 음식, 물, 그리고 비상 물품이 담긴 무거운 배낭을 가지고 다닌다. 그 경주는 큰 도전이다. 그러나 많은 사람들이 해마다 그 경주에 참여한다.

구문해설

2행 People **named the race *Marathon des Sables***.
▶ name+목적어+목적격보어(명사구): 목적어를 ~라고 이름 짓다

The athletes run 249 kilometers **over** six days.
▶ over: (시간·거리 등)에 걸쳐, ~ 동안

5행 The race is **a big challenge**.
▶ 명사구 주격보어

문제해설

1 '목적어를 ~하게 만들다'는 「make+목적어+목적격보어(형용사)」로 나타낸다.
Q 경주 참가 자격에 대해서는 언급되지 않았으므로, ②는 글의 내용과 일치하지 않는다.

2 (A) It allows you to borrow small robots.
(B) expects people to learn about technology
문장 해석은 아래 해석 참조

해석 당신은 로봇 친구를 원하는가? 그러면 시카고 공립 도서관을 방문하라. (A) 그곳은 당신이 소형 로봇을 빌리는 것을 가능하게 한다. 이 로봇들은 정말로 움직인다. 그들은 걷고, 뛰고, 심지어 그림도 그린다. 그들을 조종하는 것은 쉽다. 심지어 아이들도 그것을 할 수 있다. 도서관은 그 로봇들로부터 (B) 사람들이 기술에 대해 배우기를 기대한다.

구문해설

3행 **Controlling them** is easy.
▶ 동명사구 주어

Even kids **can do** *it*.
▶ can+동사원형: ~할 수 있다
▶ it: Controlling them을 가리키는 대명사

문제해설

2 (A) 동사 allow는 목적격보어로 to부정사를 쓰며, 「allow+목적어+목적격보어(to-v)」는 '목적어가 ~하는 것을 가능하게 하다'로 해석한다.
(B) 동사 expect는 목적격보어로 to부정사를 쓰며, 「expect+목적어+목적격보어(to-v)」는 '목적어가 ~하기를 기대하다'로 해석한다.

Wrap Up p.42

❶ 보어 ❷ 주격보어 ❸ 목적격보어

1 These cookies smell sweet.
2 This pond looks deep.
3 She names her guitar Melody.
4 I find the mattress too hard.
5 I want you to come here.
6 My students expect me to finish class early.

UNIT 05 동사의 시간 표현

Point 01 현재시제 p.44

166 Japan is an island country.
일본은 섬나라이다.

167 We remember his birthday.
우리는 그의 생일을 기억한다.

168 Pineapples grow / in warm weather.
파인애플은 자란다 / 따뜻한 날씨에서
파인애플은 따뜻한 날씨에서 자란다.

169 My dad drinks coffee / in the morning.
우리 아빠는 커피를 마신다 / 아침에
우리 아빠는 아침에 커피를 마신다.

170 I go to church / on Sunday. I pray for my family / there.

나는 교회에 간다 / 일요일에. 나는 우리 가족을 위해 기도한다 / 그곳에서
나는 일요일에 교회에 간다. 나는 그곳에서 우리 가족을 위해 기도한다.

171 Jessica is sleepy / now. She wants / to take a nap.
Jessica는 졸리다 / 지금. 그녀는 원한다 / 낮잠 자기를
Jessica는 지금 졸리다. 그녀는 낮잠 자기를 원한다.

172 He eats breakfast / every day. It helps / him to stay healthy.
그는 아침을 먹는다 / 매일. 그것은 도와준다 / 그가 건강을 유지하도록
그는 매일 아침을 먹는다. 그것은 그가 건강을 유지하도록 도와준다.

Point 02 과거시제 p.45

178 Kate's babies were very sick / last night.
Kate의 아기들이 매우 아팠다 / 지난밤에
Kate의 아기들이 지난밤에 매우 아팠다.

179 She ordered food / an hour ago.
그녀는 음식을 주문했다 / 한 시간 전에
그녀는 한 시간 전에 음식을 주문했다.

180 Jacob went / to New York / in April.
Jacob은 갔다 / 뉴욕에 / 4월에
Jacob은 4월에 뉴욕에 갔다.

181 In the past, / horses carried / luggage and people.
과거에는, / 말들이 실어 날랐다 / 짐과 사람들을
과거에는 말들이 짐과 사람들을 실어 날랐다.

182 Mozart lived / from 1756 to 1791. He composed / many great works.
모차르트는 살았다 / 1756년에서 1791년까지. 그는 작곡했다 / 많은 위대한 작품들을
모차르트는 1756년에서 1791년까지 살았다. 그는 많은 위대한 작품들을 작곡했다.

183 The snow fell heavily / yesterday. I made a snowman / with my friends.
눈이 아주 많이 내렸다 / 어제. 나는 눈사람을 만들었다 / 내 친구들과
어제 눈이 아주 많이 내렸다. 나는 내 친구들과 눈사람을 만들었다.

184 Uruguay held the first World Cup / in 1930. It was also the winner.
우루과이는 최초의 월드컵을 개최했다 / 1930년에. 그것은 또한 우승국이었다.
우루과이는 1930년에 최초의 월드컵을 개최했다. 그것은 또한 우승국이었다.

Unit Practice pp.46~47

STEP 1

1 Angela does her laundry / every weekend.
풀이 습관에 대해 말하고 있고 Angela는 3인칭 단수이므로, 현재시제 동사 does를 쓴다.

2 Pineapples grow / in warm weather.
풀이 일반적인 사실에 대해 말하고 있으므로, 현재시제 동사 grow를 쓴다.

3 He bought his mom / some flowers / for Mother's Day.
풀이 이미 끝난 과거의 동작에 대해 말하고 있으므로, 동사 buy의 과거형 bought를 쓴다.
구문 buy+간접목적어+직접목적어: ~에게 …을 사 주다

4 I came back / to Korea / a week ago.
풀이 이미 끝난 과거(a week ago)의 동작에 대해 말하고 있으므로, 동사 come back의 과거형 came back을 쓴다.

STEP 2

1 Stress is bad for your health.
스트레스는 너의 건강에 나쁘다.
풀이 동사 is는 일반적인 사실을 나타내는 현재시제로, '~이다'로 해석한다.

2 My family visited Madrid last year.
내 가족은 작년에 마드리드를 방문했다.
풀이 동사 visited는 이미 끝난 과거의 동작을 나타내는 과거시제로, '방문했다'로 해석한다.

3 My grandparents live near my house.
우리 조부모님은 우리 집 가까이에 사신다.
풀이 동사 live는 현재의 상태를 나타내는 현재시제로, '산다'로 해석한다.

4 Long ago, Egyptians built a lot of pyramids.
오래전, 이집트 사람들은 많은 피라미드를 지었다.
풀이 동사 built는 역사적인 사실을 나타내는 과거시제로, '지었다'로 해석한다.

5 I give my puppy a hug every morning before school.
나는 매일 아침 학교에 가기 전에 나의 강아지를 안아 준다.
풀이 동사 give는 습관을 나타내는 현재시제로, '~해 주다'로 해석한다.

구문 give+간접목적어+직접목적어: ~에게 …을 주다

6 We named our new cat Max after our favorite book character.
우리는 우리의 새로운 고양이에게 우리가 가장 좋아하는 책의 등장 인물 이름을 따서 Max라고 이름 지었다.
풀이 동사 named는 이미 끝난 과거의 동작을 나타내는 과거시제로, '이름을 지었다'로 해석한다.
구문 name A after B: B의 이름을 따서 A의 이름을 짓다

STEP 3

1 ②
Q ③

해석 세 달 전에 나는 멕시코에서 텍사스로 이사했다. 처음에는 모든 것이 낯설게 느껴졌다. 나는 그 누구도 알지 못했고, 오직 스페인어로만 말했다. 그러나 이제 모든 것이 다르다. 나는 학교에 몇몇 친구들이 있다. 그들은 나에게 친절하다. 그들은 나에게 영어도 가르쳐 준다! 요즘 나는 텍사스에서의 나의 삶을 매우 좋아한다.

구문해설

1행 ~, I moved **from Mexico to Texas**.
▶ from A to B: A에서 B로

2행 I **did not know** anyone, ~.
▶ did not[didn't]+동사원형: 일반동사의 과거시제 부정형

3행 They **teach me English** too!
▶ teach+간접목적어+직접목적어: ~에게 …을 가르치다

문제해설

1 스페인어로만 얘기하던 때는 세 달 전 이사 왔던 당시이므로, ② speak를 과거시제 spoke로 써야 한다.
Q 세 달 전 이사 온 직후에는 모든 것이 낯설어서 긴장되었지만 지금은 텍사스에서의 삶을 좋아하게 되었다고 했으므로, 행복한 상태임을 알 수 있다. 따라서 'I'의 심경 변화로 가장 적절한 것은 ③이다.

2 ① am → was
③ yell → yelled

해석 지난밤에 나는 침대에 누워 있었다. 나는 밖에서 나는 이상한 소리를 들었다. "거기 누구세요?"라고 나는 소리쳤다. 갑자기 불이 번쩍였다. 그때 나는 내 방 창문에서 귀신을 보았다! 나는 내 담요 아래에 숨었다. 나는 부모님을 큰 소리로 불렀다. 그러나 대답이 없었다. 나는 너무 무서웠다.

구문해설

2행 Suddenly **there was** a flash of light.
▶ there was+단수 명사: ~이 있었다

3행 But **there was no** reply.
▶ there was no+단수 명사: ~이 없었다

4행 I **felt** so **scared**.
▶ feel+형용사: ~하게 느끼다

문제해설

2 지난밤에(last night) 일어난 일에 대해 말하고 있으므로, 모두 과거시제 동사가 적절하다. 따라서 ①, ③을 각각 과거시제 동사 was, yelled로 고쳐 쓴다.

Point 03 진행형 p.48

190 I was waiting / for the subway.
나는 기다리고 있었다 / 지하철을
나는 지하철을 기다리고 있었다.

191 We were listening to music / then.
우리는 음악을 듣고 있었다 / 그때
우리는 그때 음악을 듣고 있었다.

192 He was not swimming / at that time.
그는 수영하고 있지 않았다 / 그 당시에
그는 그 당시에 수영하고 있지 않았다.

193 Currently, / the students are taking a test.
지금, / 학생들은 시험을 보는 중이다.

194 I am cleaning my room. But my roommate is playing / computer games.
나는 내 방을 청소하고 있다. 그런데 내 룸메이트는 하고 있다 / 컴퓨터 게임을
나는 내 방을 청소하고 있다. 그런데 내 룸메이트는 컴퓨터 게임을 하고 있다.

195 Our friend was running / in the race, // and we were cheering / on the bench.
우리의 친구가 달리고 있었다 / 경주에서, // 그리고 우리는 환호하고 있었다 / 벤치에서
우리의 친구가 경주에서 달리고 있었고 우리는 벤치에서 환호하고 있었다.

196 Evan is playing the guitar / on the grass. Some people are sitting / around him.
Evan은 기타를 연주하고 있다 / 잔디 위에서. 몇몇 사람들은 앉아 있다 / 그 주위에
Evan은 잔디 위에서 기타를 연주하고 있다. 몇몇 사람들은 그 주위에 앉아 있다.

Point 04 미래시제 p.49

203 He will receive an award / soon.
그는 상을 받을 것이다 / 곧
그는 곧 상을 받을 것이다.

204 Tony won't go to the concert / with you.
Tony는 콘서트에 가지 않을 것이다 / 너와 함께
Tony는 너와 함께 콘서트에 가지 않을 것이다.

205 Leo is going to get a haircut / today.
Leo는 이발할 것이다 / 오늘
Leo는 오늘 이발할 것이다.

206 Sue will be doing homework / around 7:00 p.m.
Sue는 숙제를 하고 있을 것이다 / 저녁 7시쯤에
Sue는 저녁 7시쯤에 숙제를 하고 있을 것이다.

207 We are going to have a party. We will invite many friends.
우리는 파티를 열 것이다. 우리는 많은 친구들을 초대할 것이다.

208 I will not go anywhere / tomorrow. I will be reading a book / at home.
나는 어디에도 가지 않을 것이다 / 내일. 나는 책을 읽고 있을 것이다 / 집에서
나는 내일 어디에도 가지 않을 것이다. 나는 집에서 책을 읽고 있을 것이다.

209 A new restaurant will open / soon. It will be / the first Korean restaurant / in my town.
새로운 음식점이 문을 열 것이다 / 곧. 그것은 ~이 될 것이다 / 첫 번째 한국 음식점 / 우리 동네에서
새로운 음식점이 곧 문을 열 것이다. 그것은 우리 동네에서 첫 번째 한국 음식점이 될 것이다.

Unit Practice pp.50~51

STEP 1

1 My puppy is lying / on the lawn.
풀이 '~하고 있다'라는 의미의 현재진행은 「am/are/is+v-ing」로 표현한다.

2 Leo is going to get a haircut / today.
풀이 '~할 것이다'라는 의미의 미래시제는 「am/are/is+going to+동사원형」으로 표현한다.

3 She was wearing / a red dress.
풀이 '~하고 있었다'라는 의미의 과거진행은 「was/were+v-ing」로 표현한다.

4 I will buy / a new bicycle / next month.
풀이 '~할 것이다'라는 의미의 미래시제는 「will+동사원형」으로 표현한다.

STEP 2

1 The monkey is holding bananas.
그 원숭이는 바나나를 들고 있다.
풀이 「is+v-ing」는 현재진행으로, '~하고 있다'로 해석한다.

2 Lizzy is going to stay home alone.
Lizzy는 집에 혼자 머무를 것이다.
풀이 「is going to+동사원형」은 미래시제로, '~할 것이다'로 해석한다.

3 We were walking along the beach.
우리는 해변을 따라 걷고 있었다.
풀이 「were+v-ing」는 과거진행으로, '~하고 있었다'로 해석한다.

4 The train won't stop at this station.
그 기차는 이 역에 서지 않을 것이다.
풀이 「won't+동사원형」은 미래시제 부정형으로, '~하지 않을 것이다'로 해석한다.

5 They are having a barbecue in the backyard.
그들은 뒷마당에서 바비큐 파티를 하는 중이다.
풀이 「are+v-ing」는 현재진행으로, '~하는 중이다'로 해석한다.

6 He was practicing his guitar, and then his parents came home.
그는 기타를 연습하고 있었고, 그때 그의 부모님께서 집에 오셨다.
풀이 「was+v-ing」는 과거진행으로, '~하고 있었다'로 해석하고, 과거시제는 '~했다'로 해석한다.

STEP 3

1 (A) it is losing its natural beauty
(B) the island is suffering from environmental problems
Q ③

해석 보라카이는 필리핀에 있는 아름다운 섬이다. 그러나 (A)그곳은 자연의 아름다움을 잃고 있다. 그곳은 한때 특별한 비밀의 장소였다. 그러나 1970년대에 관광객들이 보라카이를 방문하기 시작했다. 그러자 사람들은 그곳을 관광지로 개발했다. 그들은 나무를 잘라냈고 리조트를 지었다. 이제 (B)그 섬은 환경 문제로 고통받고 있다.

구문해설

2행 But tourists **began visiting** Boracay in the 1970s.
▶ begin+v-ing[to-v]: ~하기 시작하다

3행 Then people developed **it** *as* a tourist attraction.
▶ it: Boracay를 가리키는 대명사
▶ as+명사: ~로(서)

문제해설

1 (A), (B) 모두 '~하고 있다'라는 의미의 현재진행이 사용되고 있으므로, 「am/are/is+v-ing」로 표현한다.

Q 보라카이를 관광지로 개발하기 위해 나무를 베고 리조트를 지음으로써 환경이 훼손되었고, 이제는 환경 문제로 고통받고 있다고 했으므로, ③은 글의 내용과 일치하지 않는다.

2 (A) 현재진행 / They are digging a hole
(B) 미래시제 / Sophia and Ronaldo will eat them

해석 오늘은 식목일이다. Sophia와 그녀의 남동생 Ronaldo는 사과 나무를 심을 것이다. 지금 뒷마당에서 (A)그들은 구덩이를 파고 있다. Sophia는 그 구덩이 안에 나무를 넣고 있다. 이제 Ronaldo는 그것에 물을 주고 있다. 몇 년 후 그 나무에는 사과가 열릴 것이다. 그러면 (B)Sophia와 Ronaldo는 그것들을 먹을 것이다!

구문해설

1행 Sophia ~ **are going to plant** an apple tree.
▶ am/are/is+going to+동사원형: ~할 것이다

3행 Now Ronaldo **is watering** it.
▶ am/are/is+v-ing: ~하고 있다 (현재진행, 현재를 나타내는 부사 now와 함께 쓰임)

In a few years, the tree **will grow** apples.
▶ will+동사원형: ~할 것이다 (미래를 나타내는 부사구 In a few years와 함께 쓰임)

문제해설

2 (A) '~하고 있다'라는 의미의 현재진행은 「am/are/is+v-ing」로 표현한다.
(B) '~할 것이다'라는 의미의 미래시제는 「will+동사원형」으로 표현한다.

Wrap Up p.52

❶ 시제 ❷ 습관 ❸ 과거 ❹ 진행형

1 Tom gets up at 7:00 a.m.
2 We are playing badminton now.
3 My uncle bought a car last week.
4 He will be working at home.
5 Molly was taking a walk in the park.
6 Eva is going to buy it online.

UNIT 06 조동사

Point 01 will p.54

215 Would you listen / to my story?
들어 주시겠어요 / 제 이야기를
제 이야기를 들어 주시겠어요?

216 Eleanor will win first prize / in the contest.
Eleanor는 1등 할 것이다 / 그 대회에서
Eleanor는 그 대회에서 1등 할 것이다.

217 I won't be late for school / again.
나는 학교에 늦지 않을 것이다 / 다시는
나는 다시는 학교에 늦지 않을 것이다.

218 Will you help / me carry these boxes / upstairs?
도와줄래 / 내가 이 상자들을 옮기는 것을 / 위층으로
내가 이 상자들을 위층으로 옮기는 것을 도와줄래?

219 He will become / a great nurse / in the future.
그는 될 것이다 / 훌륭한 간호사가 / 미래에
그는 미래에 훌륭한 간호사가 될 것이다.

220 Ezra will save up money / to buy a skateboard / by the end of the year.
Ezra는 돈을 모을 것이다 / 스케이트보드를 사기 위해서 / 연말까지
Ezra는 연말까지 스케이트보드를 사기 위해 돈을 모을 것이다.

221 Will you come to my house / tomorrow? I will prepare / some snacks.
우리 집에 올래 / 내일? 내가 준비할게 / 약간의 간식을
내일 우리 집에 올래? 내가 간식을 좀 준비할게.

Point 02 can p.55

227 Andy is able to drive / a car.
Andy는 운전할 수 있다 / 차를
Andy는 차를 운전할 수 있다.

228 You can use my computer.
너는 내 컴퓨터를 써도 된다.

229 Can we meet / at 2:00 p.m. / tomorrow?
우리 만날 수 있니 / 오후 2시에 / 내일
우리 내일 오후 2시에 만날 수 있니?

230 Could you send / this letter / to Lucy?
당신이 보내 주시겠어요 / 이 편지를 / Lucy에게
당신이 이 편지를 Lucy에게 보내 주시겠어요?

231 Can I borrow / your book / for a moment?
내가 빌려도 되니 / 너의 책을 / 잠깐
내가 잠깐 너의 책을 빌려도 되니?

232 I can't move this table. Can you move it / for me?
나는 이 탁자를 옮길 수 없어. 네가 이것을 옮겨 줄래 / 나를 위해
나는 이 탁자를 옮길 수 없어. 네가 나를 위해 이것을 옮겨 줄래?

233 My baby brother is able to say / some words.
나의 아기 남동생은 말할 수 있다 / 몇몇 단어들을
나의 아기 남동생은 몇몇 단어들을 말할 수 있다.

Point 03 may p.56

239 You may take this cup / for free.
너는 이 컵을 가져가도 된다 / 공짜로
너는 이 컵을 공짜로 가져가도 된다.

240 Liz may know / Freddie's address.
Liz는 알지도 모른다 / Freddie의 주소를
Liz는 Freddie의 주소를 알지도 모른다.

241 She may consider / him her best friend.
그녀는 생각할지도 모른다 / 그를 그녀의 가장 친한 친구로
그녀는 그를 그녀의 가장 친한 친구로 생각할지도 모른다.

242 You may not use your phone / in class.
너는 네 폰을 사용하면 안 된다 / 수업 중에
너는 수업 중에 네 폰을 사용하면 안 된다.

243 He may not be able to join us / this trip.
그는 우리와 함께하지 못할 수도 있다 / 이번 여행에
그는 이번 여행에 우리와 함께하지 못할 수도 있다.

244 Breathing in and out / slowly / may help you relax.
숨을 들이쉬고 내쉬는 것은 / 천천히 / 네가 진정하는 데에 도움이 될지도 모른다
숨을 천천히 들이쉬고 내쉬는 것은 네가 진정하는 데에 도움이 될지도 모른다.

245 The snow may not stop / soon. So you may need / to stay here / until tomorrow.
눈이 그치지 않을지도 모른다 / 금방. 그래서 너는 해야 할지도 모른다 / 여기에 머무르는 것을 / 내일까지
눈이 금방 그치지 않을지도 모른다. 그래서 너는 내일까지 여기에 머물러야 할지도 모른다.

Point 04 must, have to, should p.57

251 You must pay / for the food.
너는 지불해야 한다 / 음식에 대해
너는 음식값을 지불해야 한다.

252 You should stop / skipping breakfast.
너는 그만해야 한다 / 아침을 거르는 것을
너는 아침을 거르는 것을 그만해야 한다.

253 Michael had to follow / the team rules.
Michael은 따라야 했다 / 팀 규칙을
Michael은 팀 규칙을 따라야 했다.

254 They don't have to attend / this meeting.
그들은 참석할 필요가 없다 / 이 회의에
그들은 이 회의에 참석할 필요가 없다.

255 George must be sleeping / now. He's snoring / very loudly.
George는 자고 있는 것이 틀림없다 / 지금. 그는 코를 골고 있다 / 매우 시끄럽게
George는 지금 자고 있는 것이 틀림없다. 그는 매우 시끄럽게 코를 골고 있다.

256 Jay should not waste money. He doesn't have to buy / more clothes.
Jay는 돈을 낭비해서는 안 된다. 그는 살 필요가 없다 / 더 많은 옷을
Jay는 돈을 낭비해서는 안 된다. 그는 옷을 더 살 필요가 없다.

257 We have to get up early / tomorrow. We must not miss / our flight.
우리는 일찍 일어나야 한다 / 내일. 우리는 놓쳐서는 안 된다 / 비행기를
우리는 내일 일찍 일어나야 한다. 우리는 비행기를 놓쳐서는 안 된다.

Unit Practice pp.58~59

STEP 1

1 She must be / very sick.
풀이 '~임이 틀림없다'를 뜻하는 조동사 must 뒤에 동사원형 be가 오도록 배열한다.

2 Connor will become a father / soon.
풀이 '~할 것이다'를 뜻하는 조동사 will 뒤에 동사원형 become이 오도록 배열한다.

3 Could you send / this letter / to Lucy?
풀이 조동사 could를 사용해 부탁을 표현하는 의문문으로, 「Could you+동사원형(send) ~?」의 순서로 배열한다. 「Can/Could you ~?」는 '~해 주시겠어요?'라는 의미이다.

4 You may choose anything / in this box.
풀이 '~해도 된다'를 뜻하는 조동사 may 뒤에 동사원형 choose가 오도록 배열한다.

STEP 2

1 We may arrive there early.
우리는 그곳에 일찍 도착할지도 모른다.
풀이 may는 추측을 나타내며 '~일지도 모른다'로 해석한다.

2 Can you give me a ride to the airport?
나를 공항에 데려다 줄래?
풀이 요청을 나타내는 「Can you ~?」는 '~해 줄래?'로 해석한다.

3 You should be quiet in the library.
너는 도서관에서 조용히 해야 한다.
풀이 should는 가벼운 의무 및 충고를 나타내며 '~해야 한다, ~하는 것이 좋다'로 해석한다.

4 Joey doesn't have to buy a new backpack.
Joey는 새 배낭을 살 필요가 없다.
풀이 don't/doesn't have to는 불필요를 나타내며 '~할 필요가 없다'로 해석한다.

5 You must not copy someone else's homework.
너는 다른 누군가의 숙제를 베껴서는 안 된다.
풀이 must not은 금지를 나타내며 '~해서는 안 된다'로 해석한다.

6 I won't tell lies to my parents again.
나는 부모님께 다시는 거짓말을 하지 않을 것이다.
풀이 will not[won't]은 주어의 의지를 나타내며 '~하지 않을 것이다'로 해석한다.

STEP 3

1 ③
Q ①

해석 중국에 특별한 식당이 있다. 그 안에서 당신은 사람 종업원들을 찾을 것이다. 하지만 이 식당에서 당신은 로봇들에게 이야기해야 한다. 당신은 주방에서 몇몇 로봇들을 발견할 수 있다. 다른 로봇들은 손님들을 맞이한다. 게다가 로봇들은 당신의 서버(음식을 내주는 사람)가 되기도 할 것이다. 로봇들은 기본적인 단어들을 이해하고 식사 주문을 받을 수 있다. 아마도 모든 식당들이 언젠가 이곳처럼 될 것이다!

구문해설

1행 **There is** a special restaurant in China.
▶ there is+단수 명사: ~이 있다

4행 **What's more**, robots will even be your servers.
▶ what's more: 게다가

6행 Maybe all restaurants will be **like** this someday!
▶ like+명사: ~처럼

문제해설

1 ③ 로봇이 '할 수 있는' 일을 설명하고 있으므로, 문맥상 능력의 의미를 나타내는 can이 자연스럽다.

Q 로봇이 주방에서 일하고 주문을 받으며 음식을 내주는 특별한 식당을 소개하는 글이므로, 글의 제목으로는 ① '로봇 직원이 있는 식당'이 가장 적절하다.
② 로봇을 위한 최초의 식당
③ 주방에서 로봇의 역할

2 (A) You have to cover
(B) you can decorate it

해석 화분케이크를 만들자! 먼저 당신은 화분 안에 비닐 랩을 넣어야 한다. (A)당신은 바닥에 있는 구멍을 가려야 한다. 그 다음 초콜릿 쿠키를 부숴서 화분 안에 넣어라. 그것들 위에 바닐라 아이스크림을 얹어라. 더 많은 쿠키와 아이스크림을 더해라. 기억해라, 맨 위에는 쿠키가 있어야 한다. (B)마지막으로, 당신은 그것을 벌레 모양 젤리들로 장식할 수 있다. 그것은 실제 화분처럼 보일 것이다.

구문해설

1행 **Let's make** dirt cake!
▶ let's+동사원형: ~하자

4행 It will **look like** a real pot.
▶ look like+명사: ~처럼 보이다

문제해설

2 (A) '~해야 한다'를 뜻하는 조동사 have to를 사용하여 「주어(You)+have to+동사원형(cover)」의 순서로 배열한다.
(B) '~할 수 있다'를 뜻하는 조동사 can을 사용하여 「주어(you)+can+동사원형(decorate)+목적어(it)」의 순서로 배열한다.

Wrap Up

p.60

❶ will ❷ must ❸ 조동사 ❹ 원형

1 I will read two books every month.
2 Henry cannot[can't] speak German.
3 She may not believe you.
4 May[Can] I use your pen?
5 Gloria must be nervous now.
6 Peter should finish his homework first.

UNIT 07 수식어의 이해

Point 01 형용사

p.62

262 He wants / to be a famous actor.
그는 원한다 / 유명한 배우가 되기를
그는 유명한 배우가 되기를 원한다.

263 Curious penguins were looking / at the tourists.
호기심 많은 펭귄들이 쳐다보고 있었다 / 관광객들을
호기심 많은 펭귄들이 관광객들을 쳐다보고 있었다.

264 She was sorry / for the late response.
그녀는 미안해했다 / 늦은 답장에 대해
그녀는 늦은 답장에 대해 미안해했다.

265 You should walk carefully / on the wet floor.
너는 조심히 걸어야 한다 / 젖은 바닥을
너는 젖은 바닥을 조심히 걸어야 한다.

266 Rachel and I / had a special and wonderful time / together.
Rachel과 나는 / 특별하고 멋진 시간을 보냈다 / 함께
Rachel과 나는 특별하고 멋진 시간을 함께 보냈다.

267 Ryan is a wise boy. He always gives me / lots of advice.
Ryan은 현명한 소년이다. 그는 언제나 나에게 해준다 / 많은 조언을
Ryan은 현명한 소년이다. 그는 언제나 나에게 많은 조언을 해 준다.

268 The red and blue umbrella ⟨behind the door⟩ / is mine.
빨갛고 파란 우산은 ⟨그 문 뒤에 있는⟩ / 내 것이다
그 문 뒤에 있는 빨갛고 파란 우산은 내 것이다.

Point 02 현재분사와 과거분사 p.63

272 We can see / a singing bird / in the tree.
우리는 볼 수 있다 / 노래하는 새를 / 나무에서
우리는 나무에서 노래하는 새를 볼 수 있다.

273 The old man collects / fallen leaves.
그 노인은 모은다 / 떨어진 나뭇잎들을
그 노인은 떨어진 나뭇잎들을 모은다.

274 The firefighter found / an injured man.
그 소방관은 발견했다 / 부상당한 남자를
그 소방관은 부상당한 남자를 발견했다.

275 She quickly answered / the ringing phone.
그녀는 빨리 받았다 / 울리는 전화를
그녀는 울리는 전화를 빨리 받았다.

276 I like / looking out the window ⟨of a moving train⟩.
나는 좋아한다 / 창밖을 내다보는 것을 ⟨움직이는 기차의⟩
나는 움직이는 기차의 창밖을 내다보는 것을 좋아한다.

277 Jonny bought / a used book. He found / some underlined sentences / in the book.
Jonny는 샀다 / 중고 책 한 권을. 그는 발견했다 / 밑줄이 그어진 몇 개의 문장들을 / 그 책에서
Jonny는 중고 책 한 권을 샀다. 그는 그 책에서 밑줄이 그어진 몇 개의 문장들을 발견했다.

278 Amy prepared / chopped potatoes. She put them / in boiling water.
Amy는 준비했다 / 썰린 감자를. 그녀는 그것들을 넣었다 / 끓는 물에
Amy는 썰린 감자를 준비했다. 그녀는 끓는 물에 그것들을 넣었다.

Unit Practice pp.64~65

STEP 1

1 Bona heard / a strange sound.
풀이 형용사 strange가 명사 sound를 앞에서 수식하도록 배열한다.

2 The old man collects / fallen leaves.
풀이 형용사 old가 명사 man을 수식하고, 완료의 의미인 과거분사 fallen이 명사 leaves를 앞에서 수식하도록 단어를 배열한다.

3 We have / some apples / in the basket.
풀이 수량을 나타내는 표현인 some이 명사 apples를 앞에서 수식하도록 배열한다.

4 A growing baby needs / new clothes / every few months.
풀이 진행의 의미인 현재분사 growing이 명사 baby를 앞에서 수식하고, 형용사 new가 명사 clothes를 수식하도록 배열한다. 수량을 나타내는 형용사 few는 명사 months를 앞에서 수식한다.

STEP 2

1 The white snow is covering the ground.
하얀 눈이 땅을 덮고 있다.
풀이 형용사 white가 명사 snow를 수식한다.
구문 am/are/is+v-ing: ~하고 있다 (현재진행)

2 He is a polite and intelligent student.
그는 예의 바르고 총명한 학생이다.
풀이 형용사구 polite and intelligent가 명사 student를 수식한다.

3 The exhausted runner looked thirsty.
기진맥진해진 달리기 선수는 목이 말라 보였다.
풀이 '기진맥진해진'이라는 수동의 의미인 과거분사 exhausted가 명사 runner를 수식한다.
구문 look+형용사: ~하게 보이다

4 We should repair the dripping faucet.
우리는 물이 뚝뚝 떨어지고 있는 수도꼭지를 수리해야 한다.
풀이 '물이 뚝뚝 떨어지고 있는'이라는 진행의 의미인 현재분사 dripping이 명사 faucet을 수식한다.

5 A boy threw a stone through the broken window.
한 소년이 깨진 창문 사이로 돌을 던졌다.

풀이 '깨진'이라는 완료의 의미인 과거분사 broken이 명사 window를 수식한다.

구문 through: ~을 통해[관통하여], ~ 사이로

6 I didn't eat breakfast, so my stomach made embarrassing noises all morning.

나는 아침을 먹지 않았고, 그 결과 나의 배는 아침 내내 난처하게 하는 소리를 냈다.

풀이 '난처하게 하는'이라는 능동의 의미인 현재분사 embarrassing이 명사 noises를 수식한다.

구문 so: 그 결과, 그래서

STEP 3

1 ②
Q ①

해석 모든 사람이 아이스크림을 매우 좋아한다. 그런데 이 얼린 디저트를 먹는 것은 언제 시작됐을까? 그것은 수천 년 전 페르시아 제국에서 시작되었다. 페르시아인들은 달콤한 과일 주스와 함께 눈을 먹는 것을 즐겼다. 나중에 아랍인들은 차가운 디저트에 우유를 첨가하기 시작했다. 과일 주스 대신에 그들은 설탕, 말린 과일, 그리고 견과류를 첨가했다.

구문해설

1행 But when did **eating this frozen dessert** start?
▶ 동명사구 주어

3행 Persians **enjoyed eating** snow with sweet fruit juice.
▶ enjoy+v-ing: ~하는 것을 즐기다 (동사 enjoy는 동명사를 목적어로 씀)

4행 Later, Arabs **started to *add*** milk *to* cold desserts.
▶ start+to-v[v-ing]: ~하기 시작하다 (동사 start는 to부정사와 동명사 둘 다 목적어로 씀)
▶ add A to B: A를 B에 더하다

문제해설

1 ② eating은 동사 enjoyed의 목적어로 쓰인 동명사이고, 명사 snow는 동명사 eating의 목적어이다. ①, ④는 과거분사, ③은 형용사로 뒤에 있는 명사를 수식한다.

Q 페르시아인들과 아랍인들이 눈에 여러 가지 재료를 넣어 먹기 시작한 것이 아이스크림의 기원이라는 내용이므로, 글의 주제로는 ① '아이스크림의 기원'이 가장 적절하다.
② 아이스크림을 만드는 방법
③ 아이스크림이 건강에 미치는 영향

2 His touching story spread around his country

해석 Brenden Foster라는 어린아이는 심각한 병을 앓고 있었다. 어느 날 그는 집이 없는 몇몇 사람들을 보았고 그의 남은 힘을 그들을 위해 사용하기를 원했다. 그의 감동적인 이야기는 그의 나라에 퍼졌고 사람들을 감동시켰다. 그들은 그의 이름으로 집이 없는 사람들에게 샌드위치를 기부하기 시작했다. 슬프게도 Brenden은 몇 주 뒤에 세상을 떠났다. 그러나 사람들은 여전히 그의 마지막 소원에 따라 집이 없는 사람들을 돕는다.

구문해설

1행 **A little child, Brenden Foster**, had a terrible illness.
▶ A little child와 Brenden Foster는 동격으로 같은 사람을 지칭

2행 ~ and **wanted to use** his *remaining* energy for them.
▶ want+to-v: ~하기를 원하다(want는 to부정사를 목적어로 씀)
▶ remaining: '남은'이라는 뜻의 현재분사로, 명사 energy를 수식

3행 They started to donate sandwiches to homeless people **in his name**.
▶ in one's name: ~의 이름으로

문제해설

2 그의 이야기는 '감동을 주는' 것이므로 touch를 능동의 의미를 나타내는 현재분사 touching으로 바꿔 써서 명사 story를 앞에서 수식하도록 배열한다.

Point 03 부사 p.66

283 Tina wakes up / very early.
Tina는 일어난다 / 매우 일찍
Tina는 매우 일찍 일어난다.

284 Luckily, / he got a second chance.
운 좋게도, / 그는 두 번째 기회를 얻었다.

285 I often forget / my homework.
나는 종종 잊어버린다 / 내 숙제를
나는 종종 내 숙제를 잊어버린다.

286 The basketball player jumps / high.
그 농구 선수는 뛰어오른다 / 높이
그 농구 선수는 높이 뛰어오른다.

287 Playing this song / is quite difficult. So I practice / hard.
이 곡을 연주하는 것은 / 꽤 어렵다. 그래서 나는 연습한다 / 열심히
이 곡을 연주하는 것은 꽤 어렵다. 그래서 나는 열심히 연습한다.

288 I held the baby / very gently. She was quite small and cute.
나는 그 아기를 안았다 / 매우 조심히. 그녀는 꽤 작고 귀여웠다.

나는 그 아기를 매우 조심히 안았다. 그녀는 꽤 작고 귀여웠다.

289 Jim solves math problems / easily. He always gets / the right answer.
Jim은 수학 문제들을 푼다 / 쉽게. 그는 언제나 맞힌다 / 정답을
Jim은 수학 문제들을 쉽게 푼다. 그는 언제나 정답을 맞힌다.

Point 04 전치사구 p.67

294 Everyone was surprised / by her new look.
모두가 놀랐다 / 그녀의 새로운 모습에
모두가 그녀의 새로운 모습에 놀랐다.

295 Dorothy is my friend 〈from New Zealand〉.
Dorothy는 내 친구이다 〈뉴질랜드에서 온〉
Dorothy는 뉴질랜드에서 온 내 친구이다.

296 He cleans his room / with a broom.
그는 그의 방을 청소한다 / 빗자루로
그는 빗자루로 그의 방을 청소한다.

297 A man 〈with bright red hair〉 / is dancing.
한 남자가 〈밝은 붉은 색의 머리카락을 가진〉 / 춤을 추고 있다
밝은 붉은 색의 머리카락을 가진 한 남자가 춤을 추고 있다.

298 The dog is afraid / of the vacuum cleaner.
그 개는 무서워한다 / 진공청소기를
그 개는 진공청소기를 무서워한다.

299 We walked / along the river. And we saw a full moon 〈in the sky〉.
우리는 걸었다 / 강을 따라. 그리고 우리는 보름달을 보았다 〈하늘에 있는〉
우리는 강을 따라 걸었다. 그리고 우리는 하늘에 있는 보름달을 보았다.

300 Milo and I went / to Seoul. We stayed / at a hotel 〈near Seoul Station〉.
Milo와 나는 갔다 / 서울로. 우리는 머물렀다 / 호텔에서 〈서울역 근처에 있는〉
Milo와 나는 서울로 갔다. 우리는 서울역 근처에 있는 호텔에서 머물렀다.

Unit Practice pp.68~69

STEP 1

1 I am working / pretty hard.
풀이 부사 pretty가 다른 부사 hard를 앞에서 수식하도록 배열한다.
구문 am/are/is+v-ing: ~하고 있다 (현재진행)

2 Luckily, / he got a second chance.
풀이 부사 Luckily가 문장의 맨 앞에서 문장 전체를 수식하도록 배열한다.

3 Liam takes online courses / on his laptop.
풀이 전치사구 on his laptop이 동사구 takes online courses 뒤에서 동사 takes를 수식하도록 배열한다.

4 Laura has a beautiful house / with a garden.
풀이 전치사구 with a garden이 명사구 a beautiful house를 뒤에서 수식하도록 배열한다.
구문 with: ~이 있는

STEP 2

1 They look very confident.
그들은 매우 자신 있어 보인다.
풀이 '매우'라는 의미의 부사 very가 형용사 confident를 수식한다.
구문 look+형용사: ~하게 보이다

2 Many travelers buy souvenirs at this shop.
많은 여행자들이 이 가게에서 기념품을 산다.
풀이 전치사구 at this shop이 동사 buy를 수식한다.

3 Her model plane flew quite far.
그녀의 모형 비행기는 꽤 멀리 날았다.
풀이 '꽤'라는 의미의 부사 quite가 다른 부사 far를 수식한다. 부사 far는 동사 flew를 수식한다.

4 You should throw away the trash on your desk.
너는 네 책상 위에 있는 쓰레기를 버리는 것이 좋겠다.
풀이 전치사구 on your desk가 명사 the trash를 수식한다.
구문 should: ~해야 한다, ~하는 것이 좋다 (의무·충고)

5 I sometimes borrow my brother's smartwatch.
나는 때때로 나의 오빠의 스마트 워치를 빌린다.
풀이 '때때로, 가끔'이라는 의미의 빈도부사 sometimes가 동사 borrow를 수식한다.

6 Danny is toasting marshmallows with his friends.
Danny는 그의 친구들과 마시멜로를 굽고 있다.
풀이 전치사구 with his friends가 동사 is toasting을 수식한다.

STEP 3

1 (A) inside the clock (B) for ten minutes
Q ②

해석 새롭게 발명된 이 알람 시계를 확인해 보세요! 그것은 시끄러운 벨 소리 대신에 베이컨 냄새를 이용합니다. 매일 밤 시계 안에 얼린 베이컨을 넣으세요. 알람을 오전 7시로 맞추세요. 시계는 오전 6시 50분에 켜져서 10분 동안 그 베이컨을 요리할 것입니다. 그러면 맛있는 냄새가 공기를 채우고 당신을 깨울 것입니다.

구문해설

1행 Check out this **newly-invented** alarm clock!

▶ '새롭게 발명된'이라는 뜻의 과거분사로, 명사구 alarm clock을 수식

3행 The clock will turn on **at 6:50 a.m.** and cook the bacon *for ten minutes*.

▶ at+시간: ~에

▶ for+시간/기간: ~ 동안

4행 Then the delicious smell will fill the air and (**will**) *wake* you *up*.

▶ (will): 동사 will fill과 wake를 접속사 and가 연결하면서 wake 앞의 will이 생략됨

▶ wake+대명사+up: 「동사+부사」 형태의 동사구에서 대명사 목적어는 동사와 부사 사이에 위치

문제해설

1 (A) 장소를 나타내는 전치사구 inside the clock이 동사 put을 수식하는 부사 역할을 하고 있다.
(B) 시간을 나타내는 전치사구 for ten minutes가 동사 cook을 수식하는 부사 역할을 하고 있다.

Q 시계 안에 익힌 베이컨이 아니라 얼린 베이컨을 넣어야 하므로, ②는 글의 내용과 일치하지 않는다.

2 He made a flying house with 300 helium balloons.

해석 당신은 애니메이션 영화 *Up*을 아는가? 거기에서 한 노인이 날 수 있는 집에서 산다. 그 집은 수많은 풍선으로 난다. 놀랍게도 어떤 사람이 실제로 그것과 같은 집을 만들었다. 미국 출신의 Jonathan Trappe은 그의 집에 헬륨 풍선 300개를 붙였다. 그것은 실제로 꽤 멀리 날아갔다! 그것은 뉴멕시코주에서 아이오와주까지 약 2,000킬로미터를 갔다.

구문해설

1행 In it, an elderly man lives in a **flying** house.

▶ '날 수 있는'이라는 뜻의 현재분사로, 명사 house를 수식

2행 The house flies **with** lots of balloons.

▶ with: ~로, ~을 써서(수단)

4행 It went around 2,000 kilometers, **from** New Mexico **to** Iowa.

▶ from A to B: A에서 B까지

문제해설

2 **Q.** Jonathan Trappe은 무엇을 만들었는가?
A. 그는 헬륨 풍선 300개를 단 날 수 있는 집을 만들었다.

'날 수 있는 집'을 만들었으므로 능동의 의미인 현재분사 flying이 명사 house를 앞에서 수식하고, 전치사구 with 300 helium balloons가 명사구 a flying house를 뒤에서 수식하도록 배열한다.

Wrap Up p.70

❶ 명사 ❷ 현재분사 ❸ 과거분사 ❹ 형용사

1 Jack opened the locked door.
2 Using scissors is dangerous for kids.
3 The crying baby is my cousin.
4 Surprisingly, he runs extremely fast.
5 I watched a scary movie alone.
6 We sometimes watch the sunset.

UNIT 08 비교 표현

Point 01 원급과 비교급 p.72

306 This car is as expensive / as mine.
이 자동차는 비싸다 / 내 것만큼
이 자동차는 내 것만큼 비싸다.

307 Anderson will arrive later / than me.
Anderson은 더 늦게 도착할 것이다 / 나보다
Anderson은 나보다 더 늦게 도착할 것이다.

308 My little sister eats as much / as an adult.
내 여동생은 많이 먹는다 / 어른만큼
내 여동생은 어른만큼 많이 먹는다.

309 The black dress looks better / than the white one.
그 검정 드레스가 더 좋아 보인다 / 그 흰 드레스보다
그 검정 드레스가 그 흰 드레스보다 더 좋아 보인다.

310 Your eyes are as blue / as the sky. They seem deeper / than the ocean.
네 눈은 파랗다 / 하늘만큼. 그것들은 더 깊어 보인다 / 바다보다
네 눈은 하늘만큼 파랗다. 그것들은 바다보다 더 깊어 보인다.

311 The man is older / than my grandfather. But he is as strong / as a young man.
그 남자는 나이가 더 많다 / 나의 할아버지보다. 그러나 그는 힘이 세다 / 젊은 남자만큼

그 남자는 나의 할아버지보다 나이가 더 많다. 그러나 그는 젊은 남자만큼 힘이 세다.

312 I like soccer more / than baseball. The rules of soccer are simpler / than those of baseball.
나는 축구를 더 좋아한다 / 야구보다. 축구의 규칙이 더 간단하다 / 야구의 규칙보다
나는 야구보다 축구를 더 좋아한다. 축구의 규칙이 야구의 규칙보다 더 간단하다.

Point 02 최상급 p.73

317 Where is the closest bank / from here?
가장 가까운 은행이 어디인가요 / 여기서
여기서 가장 가까운 은행이 어디인가요?

318 Math is the most difficult subject / for me.
수학은 가장 어려운 과목이다 / 나에게
수학은 나에게 가장 어려운 과목이다.

319 This app helps me the most / in managing my schedule.
이 앱은 나를 가장 많이 도와준다 / 내 일정을 관리하는 데
이 앱은 내 일정을 관리하는 데 가장 많은 도움을 준다.

320 Her lectures are the most popular / with students.
그녀의 강의는 가장 인기가 많다 / 학생들에게
그녀의 강의는 학생들에게 가장 인기가 많다.

321 Jacob cooks / the most delicious dishes / with the freshest vegetables.
Jacob은 요리한다 / 가장 맛있는 음식을 / 가장 신선한 채소들로
Jacob은 가장 신선한 채소들로 가장 맛있는 음식을 요리한다.

322 I want to choose / the best gift / among these three boxes. The heaviest box must have / something good / inside of it.
나는 고르고 싶다 / 가장 좋은 선물을 / 이 세 가지 상자들 중에서. 가장 무거운 상자가 가지고 있는 것임이 틀림없다 / 좋은 것을 / 그것 안에
나는 이 세 가지 상자들 중에서 가장 좋은 선물을 고르고 싶다. 가장 무거운 상자 안에 좋은 것이 들어 있는 것임이 틀림없다.

323 Andrew comes to school / the earliest / every morning. He is also / the most responsible student / in his class.
Andrew는 학교에 온다 / 가장 일찍 / 매일 아침. 그는 또한 ~이다 / 가장 책임감 있는 학생 / 그의 반에서
Andrew는 매일 아침 가장 일찍 학교에 온다. 그는 또한 그의 반에서 가장 책임감 있는 학생이다.

Unit Practice pp.74~75

STEP 1

1 This car is as expensive / as mine.
풀이 'A만큼 ~한'이라는 의미의 원급 비교는 「as+형용사+as A」로 표현한다.

2 They work the hardest / among the team members.
풀이 '~ 중에서 가장 …한/하게'라는 의미의 최상급은 「the+형용사/부사-est +in/of/among+명사(구)」로 표현한다.

3 This blue shirt looks nicer / than the red one.
풀이 'A보다 더 ~한/하게'라는 의미의 비교급은 「형용사/부사-er+than A」로 표현한다.
구문 one: shirt를 가리키는 대명사

4 The cheetah runs the fastest / of all land animals.
풀이 '~중에서 가장 …한/하게'라는 의미의 최상급은 「the+형용사/부사 -est+in/of/among+명사(구)」로 표현한다.

STEP 2

1 Smartphones are as useful as computers.
스마트폰은 컴퓨터만큼 유용하다.
풀이 원급 비교 「as+형용사+as A」는 'A만큼 ~한'으로 해석한다.

2 Airplanes are faster than cars.
비행기는 차보다 더 빠르다.
풀이 비교급 비교 「형용사-er+than A」는 'A보다 더 ~한'으로 해석한다.

3 Tylar has the sweetest voice in the chorus.
Tylar는 그 합창단에서 가장 달콤한 목소리를 가지고 있다.
풀이 최상급 「the+형용사-est」는 '가장 ~한'으로 해석하고, 「in+명사(구)」는 '~(안)에서'로 해석한다.

4 My father speaks English more fluently than French.
우리 아버지는 프랑스어보다 영어를 더 유창하게 말씀하신다.
풀이 비교급 비교 「more+부사+than A」는 'A보다 더 ~하게'로 해석한다.

5 The ballerina on the stage danced as beautifully as a butterfly.
무대 위의 발레리나는 나비만큼 아름답게 춤을 췄다.
풀이 원급 비교 「as+부사+as A」는 'A만큼 ~하게'로 해석한다.
구문 on the stage: 명사 The ballerina를 수식하는 전치사구

6 The tallest building in the world is the Burj Khalifa in Dubai.
세계에서 가장 높은 건물은 두바이에 있는 부르즈 칼리파이다.
풀이 최상급 「the+형용사-est」는 '가장 ~한'으로 해석하고, 「in+명사(구)」는 '~(안)에서'로 해석한다.

구문 ▶ in the world: 명사 The tallest building을 수식하는 전치사구

▶ in Dubai: 명사 the Burj Khalifa를 수식하는 전치사구

STEP 3

1 (A) higher (B) wide

Q ②

해석 캘리포니아는 미국삼나무의 서식지이다. 캘리포니아에서 시원한 기온, 비, 안개가 그것들을 자라게 한다. 그것들은 정말로 높이 자란다. 가장 오래된 미국삼나무들은 90미터가 넘는다. 어떤 나무들은 자유의 여신상보다 더 높이 올라간다. 그것들은 매우 넓기도 하다. 어떤 나무들은 도로만큼 넓어서 사람들은 그것들에 구멍을 만들었다. 이제 사람들은 운전해서 그것들을 통과할 수 있다.

구문해설

1행 California **is home to** redwood trees.

▶ be동사+home to ~: ~의 서식지이다

~, and fog **allow them to grow**.

▶ allow+목적어+목적격보어(to-v): 목적어가 ~하는 것을 가능하게 하다

문제해설

1 (A) '~보다'라는 의미의 than 앞에는 비교급(형용사/부사-er)이 온다.

(B) 'A만큼 ~한'이라는 의미는 「as+형용사+as A」로 표현한다.

Q 미국삼나무는 키가 크게 자라서 자유의 여신상보다 더 높이 자라는 것도 있다고 했으므로, 글의 내용과 일치하는 것은 ②이다. 미국삼나무는 캘리포니아의 시원한 기온에서 자라고, 도로만큼 넓은 미국삼나무는 나무에 구멍을 뚫어 그 안으로 운전해서 통과할 수 있다고 했으므로, ①, ③은 글의 내용과 일치하지 않는다.

2 (A) the most powerful thing in space

(B) the fastest of all

해석 (A) 우주에서 가장 강력한 것은 무엇일까? 그것은 블랙홀이다. 그것은 거대한 진공청소기와 같다. 블랙홀들은 얼마나 강할까? 그것들은 우주에 있는 모든 것을 삼킨다! 그것들은 별들과 행성들을 삼켜 버린다. (B) 사실, 빛은 모든 것 중에서 가장 빠르다. 그러나 블랙홀은 빛도 삼킨다!

구문해설

1행 It is **like** a big vacuum cleaner.

▶ like+명사: ~와 같은

2행 **How strong are black holes?**

▶ How+형용사+be동사+주어?: ~는 얼마나 …한가?

문제해설

2 (A), (B) '가장 ~한'이라는 의미의 최상급은 「the+형용사-est」 또는 「the most+형용사」로 쓴다. '~ (중)에서'는 최상급 뒤에 「in/of/among+명사(구)」를 써서 표현한다.

Wrap Up p.76

❶ 형용사 ❷ as ❸ more ❹ most

1 The Nile is the longest river in the world.

2 I can jump as far as you.

3 Tomorrow will be as cloudy as today.

4 Health is the most important thing in our life.

5 Giving up is worse than failing.

6 Victoria is the most talented of all the musicians in the band.

UNIT 09 접속사의 이해

Point 01 등위접속사 p.78

329 You should send me / an email or a text message.

너는 내게 보내야 한다 / 이메일이나 문자 메시지를

너는 내게 이메일이나 문자 메시지를 보내야 한다.

330 Mason cleaned his room / and did his laundry.

Mason은 그의 방을 청소했다 / 그리고 빨래를 했다

Mason은 그의 방을 청소하고 빨래를 했다.

331 The painting was expensive, // but I bought it.

그 그림은 비쌌다, // 하지만 나는 그것을 샀다

그 그림은 비쌌지만 나는 그것을 샀다.

332 I didn't need / my old toys / anymore, // so I gave them / to my cousin.

나는 필요하지 않았다 / 나의 오래된 장난감들이 / 더 이상, // 그래서 그것들을 주었다 / 내 사촌에게

나는 나의 오래된 장난감들이 더 이상 필요하지 않아서 내 사촌에게 그것들을 주었다.

333 Freya is an active student. She likes / doing presentations / and answering questions.

Freya는 적극적인 학생이다. 그녀는 좋아한다 / 발표하는 것을 / 그리고 질문에 대답하는 것을

Freya는 적극적인 학생이다. 그녀는 발표하는 것과 질문에 대답하는 것을 좋아한다.

334 Your plan sounds interesting / but risky, // so we can't accept it.
너의 계획은 흥미롭게 들린다 / 하지만 위험하게, // 그래서 우리는 그것을 받아들일 수 없다
너의 계획은 흥미롭지만 위험하게 들려서 우리는 그것을 받아들일 수 없다.

335 We have two options. We can go to the library / now / or see a play / one hour later.
우리는 두 가지 선택권을 가지고 있다. 우리는 도서관에 갈 수 있다 / 지금 / 또는 연극을 볼 수 있다 / 한 시간 뒤에
우리는 두 가지 선택권을 가지고 있다. 우리는 지금 도서관에 가거나 한 시간 뒤에 연극을 볼 수 있다.

Point 02 시간 접속사 p.79

340 〈Before I wash my face〉, / I brush my teeth.
〈나는 세수를 하기 전에〉, / 양치질을 한다.

341 She will buy a car / 〈after she gets / her driver's license〉.
그녀는 차를 살 것이다 / 〈그녀가 딴 뒤에 / 운전면허증을〉
그녀는 운전면허증을 딴 뒤에 차를 살 것이다.

342 Check your passport / 〈before you leave / for the airport〉.
네 여권을 확인해라 / 〈떠나기 전에 / 공항으로〉
공항으로 떠나기 전에 네 여권을 확인해라.

343 He was ordering / a cup of coffee / 〈when I saw him〉.
그는 주문하고 있었다 / 커피 한 잔을 / 〈내가 그를 보았을 때〉
내가 그를 보았을 때 그는 커피 한 잔을 주문하고 있었다.

344 〈When I heard the song〉, / I remembered Jessie. She sang the song / to me / 〈before she left〉.
〈나는 그 노래를 들었을 때〉, / Jessie가 기억났다. 그녀는 그 노래를 불러 주었다 / 나에게 / 〈그녀가 떠나기 전에〉
나는 그 노래를 들었을 때 Jessie가 기억났다. 그녀는 떠나기 전에 나에게 그 노래를 불러 주었다.

345 〈Before the race began〉, / the stadium was quiet. However, / people stood up and cheered / 〈after the athletes started / to run〉.
〈경주가 시작되기 전에는〉, / 경기장이 조용했다. 하지만, / 사람들이 일어나서 환호했다 / 〈선수들이 시작한 뒤에는 / 뛰기〉
경주가 시작되기 전에는 경기장이 조용했다. 하지만 선수들이 뛰기 시작한 뒤에는 사람들이 일어나서 환호했다.

346 〈When the painter was alive〉, / everyone ignored / his works of art. 〈After he died〉, / people started to consider / him a great artist.
〈그 화가가 살아 있었을 때〉, / 모두가 무시했다 / 그의 미술 작품들을. 〈그가 죽은 뒤에〉, / 사람들은 생각하기 시작했다 / 그를 위대한 예술가라고
그 화가가 살아 있었을 때 모두가 그의 미술 작품들을 무시했다. 그가 죽은 뒤에 사람들은 그를 위대한 예술가라고 생각하기 시작했다.

Unit Practice pp.80~81

STEP 1

1 Before I wash my face, / I brush my teeth.
풀이 접속사 before는 시간 부사절을 이끄므로, 그 뒤에 「주어(I)+동사(wash) ~」의 순서로 배열한다.

2 Leah does her work / quickly and accurately.
풀이 등위접속사 and가 부사 quickly와 accurately를 연결하도록 배열한다.

3 You can pay for the item / in cash / or with a card.
풀이 등위접속사 or가 전치사구 in cash와 with a card를 연결하도록 배열한다.

STEP 2

1 Let's go to the bathroom before the movie starts.
영화가 시작하기 전에 화장실에 가자.
풀이 시간 부사절을 이끄는 접속사 before는 '~하기 전에'로 해석한다.
구문 Let's ~: ~하자

2 After I slept for eight hours, I felt better.
여덟 시간을 자고 난 뒤에 나는 몸이 나아졌음을 느꼈다.
풀이 시간 부사절을 이끄는 접속사 after는 '~한 뒤에'로 해석한다.

3 My mom hung a star and lights on the Christmas tree.
우리 엄마는 크리스마스트리에 별과 전등을 매달았다.
풀이 동사 hung의 목적어인 a star와 lights가 등위접속사 and로 연결되어 있으며, '~와'로 해석한다.
구문 on the Christmas tree: 동사 hung을 수식하는 전치사구

4 The food was delicious, so I left a good review on the restaurant's website.
음식이 맛있어서 나는 그 식당 웹사이트에 좋은 리뷰를 남겼다.
풀이 The food was delicious와 I left ~ website를 연결하는 등위접속사 so는 앞 절에 대한 결과를 나타내며 '~해서'로 해석한다.
구문 on the restaurant's website: 동사 left를 수식하는 전치사구

5 When the bookstore opens, we can buy the limited edition book.

그 서점이 문을 열 때, 우리는 한정판 책을 살 수 있다.

풀이 시간 부사절을 이끄는 접속사 when은 '~할 때'로 해석한다.

6 I will buy flowers (or) bake a chocolate cake for Susan's birthday.

나는 Susan의 생일을 위해 꽃을 사거나 초콜릿케이크를 구울 것이다.

풀이 동사구 buy flowers와 bake a chocolate cake가 등위 접속사 or로 연결되어 있으며, '~이나'로 해석한다.

구문 (will) bake: 동사 will buy와 will bake를 or가 연결하면서 bake 앞의 will이 생략됨

STEP 3

1 (A) when they feel happy
(B) after a dog sees its owner
문장 해석은 아래 해석 참조

Q ①

해석 개들은 꼬리로 그들의 감정을 보여 준다. 그들은 그런 감정에 따라 그들의 꼬리를 다른 방향으로 움직인다. (A) 그들은 행복할 때 자신의 꼬리를 오른쪽으로 흔든다. 그들이 화가 났을 때는 꼬리를 왼쪽으로 흔든다. 예를 들어, (B) 개는 자기 주인을 본 뒤에 꼬리를 오른쪽으로 흔든다. 그러나 개는 무섭거나 낯선 것들을 보면 자기 꼬리를 다른 방향으로 흔든다.

구문해설

1행 They move their tail in different directions **according to** those feelings.

▶ according to: ~에 따라

4행 However, a dog wags its tail **the other way** *when* it sees scary or strange things.

▶ the other way: 다른 방향으로

▶ when: ~할 때

문제해설

1 (A) 문맥상 '그들은 행복을 느낄 때'라는 의미이므로, 시간 부사절을 이끄는 접속사 when(~할 때) 뒤에 「주어(they)+동사(feel)+주격보어(happy)」의 순서로 배열한다.

(B) 문맥상 '자기 주인을 본 뒤에'라는 의미이므로, 시간 부사절을 이끄는 접속사 after(~한 뒤에) 뒤에 「주어(a dog)+동사(sees)+목적어(its owner)」의 순서로 배열한다.

Q ⓐ는 앞 문장에 언급된 '그들의 꼬리(their tail)'를, ⓑ와 ⓒ는 '개(a dog)'를 가리키므로, 가리키는 대상이 나머지 둘과 다른 것은 ① ⓐ이다.

2 (A) when you feel sick in the car
(B) before you get in the car

해석 당신은 쉽게 차멀미를 하는가? 그러면 이 조언들을 따라 해라. 첫째, (A) 당신이 차 안에서 메스꺼워질 때, 밖에 있는 어떤 것을 바라봐라. 멀리 바라보는 것이 당신을 도와줄 것이다. 또한, 앞좌석에 앉아라. 사람들은 대개 뒷좌석에서 차멀미를 한다. 마지막으로, (B) 당신이 차에 타기 전에 창문을 잠시 열어 두어라. 상쾌한 공기가 차 안에 있는 불쾌한 냄새를 제거할 것이다.

구문해설

2행 **Looking far away** will help you.

▶ 동명사구 주어

3행 Last, before you **get in** the car, *leave the window open* for a while.

▶ get in: (차에) 타다

▶ leave+목적어+목적격보어(형용사): 목적어를 ~한 상태로 두다

4행 The fresh air will remove **bad** smells **inside the car**.

▶ 형용사 bad가 명사 smells을 수식하고, 전치사구 inside the car가 명사구 bad smells를 수식

문제해설

2 (A)에는 접속사 when(~할 때)을, (B)에는 before(~하기 전에)를 써서 표현한다. 접속사 when과 before는 시간 부사절을 이끄므로, 그 다음에는 「주어+동사 ~」가 온다.

Point 03 이유 접속사 p.82

350 ⟨Since the soup was too salty⟩, / Levi didn't eat it.

⟨수프가 너무 짰기 때문에⟩, / Levi는 그것을 먹지 않았다.

351 We felt sad / ⟨because our favorite team lost / the game⟩.

우리는 슬펐다 / ⟨우리가 가장 좋아하는 팀이 졌기 때문에 / 경기에서⟩

우리가 가장 좋아하는 팀이 경기에서 졌기 때문에 우리는 슬펐다.

352 ⟨Since I have a lot of homework⟩, / I can't go out / tonight.

⟨나는 많은 숙제를 가지고 있기 때문에⟩, / 외출할 수 없다 / 오늘밤

나는 많은 숙제가 있기 때문에 오늘밤 외출할 수 없다.

353 ⟨Since it was raining⟩, / we had to cancel / the picnic.

⟨비가 오고 있었기 때문에⟩, / 우리는 취소해야 했다 / 소풍을

비가 오고 있었기 때문에 우리는 소풍을 취소해야 했다.

354 Dilan ate lots of pizza / ⟨because he was really hungry⟩.

Dilan은 많은 피자를 먹었다 / ⟨그는 정말 배가 고팠기 때문에⟩

Dilan은 정말 배가 고팠기 때문에 많은 피자를 먹었다.

355 I cannot send Cindy / this message / 〈because I forgot / her email address〉.
나는 Cindy에게 보낼 수 없다 / 이 메시지를 / 〈나는 잊어버렸기 때문에 / 그녀의 이메일 주소를〉
나는 그녀의 이메일 주소를 잊어버렸기 때문에 Cindy에게 이 메시지를 보낼 수 없다.

356 〈Since I was late for school / again〉, / my teacher got angry / with me.
〈내가 학교에 지각했기 때문에 / 또〉, / 선생님은 화나셨다 / 내게
내가 학교에 또 지각했기 때문에 선생님은 내게 화나셨다.

Point 04 접속사 that p.83

361 〈That Mason will marry her〉 / is unbelievable.
주어
〈Mason이 그녀와 결혼할 것이라는 것은〉 / 믿기 어렵다.

362 We cannot accept / 〈that she keeps / breaking her promises〉.
동사 accept의 목적어
우리는 받아들일 수 없다 / 〈그녀가 계속 약속을 어기는 것을〉
우리는 그녀가 계속 약속을 어기는 것을 받아들일 수 없다.

363 You may not agree, // but the fact is / 〈that you saved us〉.
주격보어
넌 동의하지 않을지도 모른다, // 하지만 사실은 ~이다 / 〈네가 우리를 구했다는 것〉
넌 동의하지 않을지도 모르지만, 네가 우리를 구했다는 것은 사실이다.

364 The good thing is / 〈that we can go to the sea / this summer〉.
주격보어
좋은 점은 ~이다 / 〈우리가 바다에 갈 수 있다는 것 / 이번 여름에〉
좋은 점은 이번 여름에 우리가 바다에 갈 수 있다는 것이다.

365 〈That he can't swim〉 / is surprising / 〈because he grew up / near the beach〉.
주어
〈그가 수영을 할 수 없다는 것은〉 / 놀랍다 / 〈그는 자랐기 때문에 / 바닷가 근처에서〉
그는 바닷가 근처에서 자랐기 때문에 그가 수영을 할 수 없다는 것은 놀랍다.

366 Our hotel guests said / 〈that our services were not good〉. I think / 〈that we should improve them〉.
우리 호텔의 손님들은 말했다 / 〈우리의 서비스가 좋지 않았다고〉. 나는 생각한다 / 〈우리가 그것들을 개선해야 한다고〉
우리 호텔의 손님들은 우리의 서비스가 좋지 않았다고 말했다. 나는 우리가 그것들을 개선해야 한다고 생각한다.

367 The problem is / 〈that the school's playground is too small〉. I believe / 〈that the children need a bigger playground〉.
문제는 ~이다 / 〈학교 운동장이 너무 작다는 것〉. 나는 생각한다 / 〈아이들에게 더 큰 운동장이 필요하다고〉
문제는 학교 운동장이 너무 작다는 것이다. 나는 아이들에게 더 큰 운동장이 필요하다고 생각한다.

Unit Practice pp.84~85

STEP 1

1 The fact is / that Mozart didn't live / past the age of thirty-five.

풀이 접속사 that이 이끄는 명사절이 문장의 주격보어 역할을 하고 있으므로, 동사 is 뒤에 「that+주어(Mozart)+동사(didn't live) ~」의 순서로 배열한다.

2 I thought / that you were playing a computer game.

풀이 접속사 that이 이끄는 명사절이 동사 thought의 목적어 역할을 하고 있으므로, 동사 thought 뒤에 「that+주어(you)+동사(were playing) ~」의 순서로 배열한다.

구문 ▶ that: 동사 thought의 명사절 목적어를 이끄는 접속사로 생략 가능
▶ was/were+v-ing: ~하고 있었다 (과거진행)

3 Since I have / a lot of homework, / I can't go out / tonight.

풀이 '~하기 때문에'는 이유 접속사 since로 표현할 수 있으므로, 「Since+주어(I)+동사(have)+목적어(a lot of homework) ~」의 순서로 배열한다.

STEP 2

1 Because I won first prize, I felt very happy.
내가 일등상을 받았기 때문에 나는 정말 행복했다.

풀이 because는 이유 부사절을 이끄는 접속사로, '~하기 때문에'로 해석한다.

2 I believe that there is life on other planets.
나는 다른 행성들에 생명체가 있다고 믿는다.

풀이 접속사 that이 이끄는 명사절이 동사 believe의 목적어 역할을 하고 있고, '~라는 것'으로 해석한다. 목적어로 쓰인 명사절을 이끄는 that은 생략할 수 있다.

구문 there is+단수 명사: ~가 있다

3 Elena was mad at me since I broke her cell phone.
내가 그녀의 휴대 전화를 고장 냈기 때문에 Elena는 내게 몹시 화가 났다.

풀이 since는 이유 부사절을 이끄는 접속사로, '~하기 때문에'로 해석한다.

구문 mad at: ~에 몹시 화가 난

4 They missed their flight because they got stuck in traffic.

그들은 교통 체증에 갇혔기 때문에 그들의 항공편을 놓쳤다.

풀이 because는 이유 부사절을 이끄는 접속사로, '~하기 때문에'로 해석한다.

5 The problem is that no one listens to each other anymore.

문제는 더 이상 아무도 서로의 말을 듣지 않는다는 것이다.

풀이 접속사 that이 이끄는 명사절이 문장의 주격보어 역할을 하고 있다.

6 That today's school lunch included broccoli made me sad.

오늘 학교 점심에 브로콜리가 포함되었다는 것은 나를 슬프게 만들었다.

풀이 접속사 that이 이끄는 명사절이 문장의 주어 역할을 하고 있다.

구문 make+목적어+목적격보어(형용사): 목적어를 ~하게 만들다

STEP 3

1 (A) because (B) that

Q ③

해석 어떤 사람들은 피곤함을 느낄 때 에너지 음료를 마신다. 이러한 음료들은 맛있기 때문에 사람들은 그것들을 좋아한다. 그러나 그것들은 많은 카페인을 가지고 있기 (A) 때문에 당신의 건강에 좋지 않다. 대신에 토마토를 한번 먹어 봐라. 한 연구는 토마토에 있는 리코펜이 당신에게 에너지를 준다는 (B) 것을 발견했다. 그러므로 토마토를 먹은 뒤에 당신은 건강해지고 정신이 맑아지는 것을 느낄 것이다.

구문해설

1행 Some people drink energy drinks **when** they *feel tired*.

▶ when: ~할 때

▶ feel+형용사: ~하게 느끼다

3행 Instead, **try eating** tomatoes.

▶ try+v-ing: 한번 ~해 보다

A study found that the lycopene **in tomatoes** *gives you energy*.

▶ in tomatoes: 명사 the lycopene을 수식하는 전치사구

▶ give+간접목적어+직접목적어: ~에게 …을 주다

문제해설

1 (A) 카페인이 많다는 것이 에너지 음료가 건강에 해로운 이유이므로, because가 적절하다.

(B) 동사 found의 목적어인 명사절을 이끄는 접속사 that이 적절하다.

Q 피곤할 때 건강에 해로운 에너지 음료보다는 토마토를 먹을 것을 권유하는 글이므로, 글의 요지로 가장 적절한 것은 ③이다.

2 because[since] there is no gravity to make water fall down

해석 우주에는 중력이 없기 때문에, 물이 아래로 떨어지지 않는다. 그러면 우주 비행사들은 어떻게 그들의 머리를 감을까? 당신은 그들이 그것을 할 수 없다고 추측할지도 모른다. 그러나 그들은 특별한 드라이 샴푸를 갖고 있기 때문에 머리를 감을 수 있다. 씻을 때가 되면, 그들은 그것을 머리 위에 뿌린다. 그러고 나서 그것을 젖은 수건으로 닦아낸다. 간단하지 않은가?

구문해설

2행 You **may** guess that they can't do it.

▶ may: ~일지도 모른다(추측)

3행 When **it's time for** a wash, they spray it *on their hair*.

▶ it's[it is] time for+명사: ~할 시간이다

▶ on their hair: 동사 spray를 수식하는 전치사구

4행 **Isn't that simple?**

▶ 부정의문문: ~하지 않은가?

문제해설

2 그곳에는 물이 아래로 떨어지게 만드는 중력이 없기 때문에 우주 비행사들은 오직 특별한 드라이 샴푸를 이용함으로써 우주에서 머리를 감을 수 있다.

접속사 because[since] 뒤에 「there is+no 주어 ~」의 순서로 배열한다. to부정사구 to make water fall down은 형용사 역할로 명사 gravity를 뒤에서 수식하며, '목적어가 ~하게 만들다'는 「make+목적어+목적격보어(동사원형)」로 표현한다.

Wrap Up

p.86

❶ 시간 ❷ because ❸ 이유 ❹ that

1 We talked and laughed all night.
2 The truth is that Niel is Betty's boyfriend.
3 Because[Since] he looked busy, I helped him.
4 Kate is kind to everyone, so her friends like her.
5 Before I begin the class, I check students' names.
6 When I was hungry, Connor gave me some chocolate.

UNIT 10 문장의 종류

Point 01 의문문 p.88

374 Don't they know / each other?
그들은 알지 않니 / 서로
그들은 서로 알지 않니?

375 Where are you going to park?
너는 어디에 주차할 거니?

376 Will you go to the movies / this Sunday?
너는 영화 보러 갈 거니 / 이번 일요일에
너는 이번 일요일에 영화 보러 갈 거니?

377 Did you have salad / for dinner / yesterday?
너는 샐러드를 먹었니 / 저녁으로 / 어제
너는 어제 저녁으로 샐러드를 먹었니?

378 Who should be / the next team leader?
누가 ~이어야 하니 / 다음번 팀 대표
누가 다음번 팀 대표여야 하니?

379 A: Isn't this / the latest version 〈of the game〉?
B: No, it isn't.
A: 이것은 ~이 아니니 / 최신판 〈그 게임의〉
B: 응, 아니야.
A: 이것은 그 게임의 최신판이 아니니?
B: 응, 아니야.

380 Why did he buy / a new wallet? Did he lose / his wallet / again?
그는 왜 샀니 / 새 지갑을? 그가 잃어버렸니 / 그의 지갑을 / 또
그는 왜 새 지갑을 샀니? 그가 지갑을 또 잃어버렸니?

Point 02 명령문 p.89

386 Please wait for me / here.
저를 기다려 주세요 / 여기서
여기서 저를 기다려 주세요.

387 Don't go around alone / at night.
혼자 돌아다니지 마라 / 밤에
밤에 혼자 돌아다니지 마라.

388 Tell the truth / in every situation, // and people will trust you.
사실을 말해라 / 모든 상황에서, // 그러면 사람들은 너를 믿을 것이다
모든 상황에서 사실을 말해라, 그러면 사람들은 너를 믿을 것이다.

389 Keep a diary, // or you may not be able to remember / good moments.
일기를 써라, // 그렇지 않으면 너는 기억하지 못할 수도 있다 / 좋은 순간들을
일기를 써라, 그렇지 않으면 너는 좋은 순간들을 기억하지 못할 수도 있다.

390 I bought pretty boots / for you. Wear them / 〈when you go out〉.
내가 예쁜 부츠를 샀다 / 너를 위해. 그것을 신어라 / 〈외출할 때〉
내가 너를 위해 예쁜 부츠를 샀다. 외출할 때 그것을 신어라.

391 Don't eat spicy food / tonight, // or you'll get a stomachache / tomorrow.
매운 음식을 먹지 말아라 / 오늘 밤에, // 그렇지 않으면 너는 배탈이 날 것이다 / 내일
오늘 밤에 매운 음식을 먹지 말아라, 그렇지 않으면 너는 내일 배탈이 날 것이다.

392 Are you worried / about something? Talk to Doctor Phil, // and your worries will disappear.
걱정하는가 / 무언가에 대해서? Phil 박사에게 말해라, // 그러면 너의 걱정들이 사라질 것이다.
무언가에 대해서 걱정하는가? Phil 박사에게 말해라, 그러면 너의 걱정들이 사라질 것이다.

Point 03 부가의문문 p.90

398 William got a good grade, // didn't he?
William은 좋은 점수를 받았어, // 그렇지 않니?

399 Chloe will come / to the party, // won't she?
Chloe는 올 거야 / 파티에, // 그렇지 않니
Chloe는 파티에 올 거야, 그렇지 않니?

400 They don't have / any plans 〈for the weekend〉, // do they?
그들은 가지고 있지 않아 / 어떤 계획도 〈주말을 위한〉, // 그렇지
그들은 주말에 아무 계획이 없어, 그렇지?

401 You were / a member 〈of the national handball team〉, // weren't you?
너는 ~였어 / 선수 〈국가 대표 핸드볼팀의〉, // 그렇지 않니
너는 국가 대표 핸드볼팀의 선수였어, 그렇지 않니?

402 Jason can play the guitar. But he cannot play the piano, // can he?
Jason은 기타를 연주할 수 있어. 하지만 그는 피아노는 연주할 수 없어, // 그렇지?

403 The weather is perfect / for a picnic, // isn't it? Let's go outside, // shall we?

날씨가 완벽해 / 소풍하기에, // 그렇지 않니? 우리 밖에 나가자, // 그렇게 할래

날씨가 소풍하기에 완벽해, 그렇지 않니? 우리 밖에 나가자, 그렇게 할래?

404 A: Flory entered a speech contest // but she didn't win first prize, // did she?

B: No, she didn't.

A: Flory는 말하기 대회에 참가했어 // 하지만 그녀는 일등 상을 타지 못했어, // 그렇지

B: 응, 못 탔어.

A: Flory는 말하기 대회에 참가했지만 일등 상을 타지 못했어, 그렇지?

B: 응, 못 탔어.

Point 04 감탄문 p.91

410 What a rude boy he is!

그는 정말 무례한 소년이구나!

411 How hard the students studied!

학생들이 정말 열심히 공부했구나!

412 What a scary movie it is!

그것은 정말 무서운 영화구나!

413 What an expensive camera it is!

그것은 정말 비싼 카메라구나!

414 I showed Karen / my new cell phone. She said, // "How cool it is!"

나는 Karen에게 보여 주었다 / 나의 새 휴대 전화를. 그녀가 말했다 // "그것은 정말 멋지구나!"라고

나는 Karen에게 나의 새 휴대 전화를 보여 주었다. 그녀가 "그것은 정말 멋지구나!"라고 말했다.

415 A: Dan can run 100 meters / in thirteen seconds.

B: How fast he runs!

A: Dan은 100미터를 뛸 수 있어 / 13초에

B: 그는 정말 빨리 뛰는구나!

A: Dan은 100미터를 13초에 뛸 수 있어.

B: 그는 정말 빨리 뛰는구나!

416 A: The firefighter saved a girl / from a burning house.

B: What a brave man he is!

A: 그 소방관은 한 여자아이를 구했어 / 불타는 집에서

B: 그는 정말 용감한 사람이구나!

A: 그 소방관은 불타는 집에서 한 여자아이를 구했어.

B: 그는 정말 용감한 사람이구나!

Unit Practice pp.92~93

STEP 1

1 What a scary movie it is!

풀이 What으로 시작하는 감탄문은 「What(+a/an)+형용사+명사(+주어+동사)!」의 순서로 배열한다.

2 Why did Andy miss the flight / yesterday?

풀이 의문사가 있는 일반동사 의문문은 「의문사+do/does/did+주어+동사원형 ~」의 순서로 배열한다.

3 Let's go shopping, / shall we?

풀이 「Let's+동사원형 ~」 뒤에 부가의문문 「shall we?」가 오도록 배열한다.

4 Close the door, / or dust will get in.

풀이 '…해라, 그렇지 않으면 ~할 것이다'는 「명령문, or ~」로 표현하며, 명령문은 동사원형으로 시작한다.

STEP 2

1 What a tasty meal this is!

이것은 정말 맛있는 식사구나!

풀이 What으로 시작하는 감탄문으로 '(~는) 정말 …하구나!'로 해석한다.

2 Is the gym open on Sunday?

그 체육관은 일요일에 여니?

풀이 be동사로 시작하는 의문문은 「be동사+주어 ~?」로 쓰고, '~이니?'로 해석한다.

3 Pass me the book up there, will you?

저기 위에 있는 책을 나에게 건네 줘, 그래 줄래?

풀이 명령문의 부가의문문은 'will you?'를 쓰고 '~해라, 그래 줄래?'로 해석한다.

4 Visit our website, and you will find more information.

우리 웹 사이트를 방문해라, 그러면 당신은 더 많은 정보를 찾을 것이다.

풀이 「명령문, and ~」는, '…해라, 그러면 ~할 것이다'로 해석한다.

5 A: Didn't you put your car key on the table?

B: No, I didn't.

A: 너는 너의 차 열쇠를 탁자 위에 두지 않았니?

B: 응, 두지 않았어.

풀이 Didn't로 시작하는 부정의문문으로, '~하지 않았니?'로 해석한다. 그리고 이에 대한 대답이 No이므로, '응'으로 해석한다.

6 Layla likes using eco-friendly products, doesn't she?

Layla는 친환경 제품을 사용하는 것을 좋아해, 그렇지 않니?

풀이 긍정 평서문 뒤에는 부정형 부가의문문을 쓰고, '그렇지 않니?'로 해석한다.

STEP 3

1 (A) You want to experience a fun festival, don't you
(B) How interesting the festival is

Q ②

해석 (A) 당신은 재미있는 축제를 경험하기를 원한다, 그렇지 않은가? 그렇다면 2월에 이탈리아의 Ivrea를 방문해라. 3,000명이 넘는 사람들이 오렌지 전투를 위해서 그곳에 모인다. 이 축제 동안 그들은 서로에게 오렌지를 던진다. 그들은 200,000킬로그램이 넘는 오렌지를 사용한다. 최고의 전사들은 심사위원들로부터 상을 받는다. (B) 정말 재미있는 축제이다!

구문해설

1행 Then **visit** Ivrea, Italy, in February.

▶ 동사원형 ~: ~해라 (긍정명령문)

3행 **During this festival**, they *throw* oranges *at* each other.

▶ during+특정 시점: ~ 동안

▶ throw A at B: A를 B에게 던지다

문제해설

1 (A) 긍정 평서문 뒤에는 부정형 부가의문문을 쓴다.
(B) how로 시작하는 감탄문은 「How+형용사/부사(+주어+동사)!」의 형태로 쓴다.

Q 오렌지 전투에서 사람들은 오렌지를 먹는 것이 아니라 서로에게 던진다고 했으므로, ②는 글의 내용과 일치하지 않는다.

2 ① you can do → can you do
③ or → and

해석 오래된 양말로 당신은 무엇을 할 수 있을까? 양말 정원을 만들어라! 신발 위에 오래된 양말을 신어라. 들판 사이를 걸어 다녀라. 양말에 씨앗이 있는가? 좋다! 이제 양말을 벗고 그것을 흙에 묻어라. 그 흙에 물을 약간 주어라, 그러면 그것은 촉촉함을 유지할 것이다. 그리고 몇몇 씨앗이 싹이 날지도 모른다! 이것은 재미있게 들린다, 그렇지 않은가?

구문해설

3행 **Give the soil some water,** ~.

▶ give+간접목적어+직접목적어: ~에게 …을 주다

4행 This **sounds fun**, *doesn't it*?

▶ sound+형용사: ~하게 들리다

▶ 긍정 평서문+부정형 부가의문문: 그렇지 않니?

문제해설

2 ① 의문사 what이 있는 의문문은 「의문사+조동사+주어+동사원형 ~?」의 순서로 배열한다.
③ 문맥상 '~해라, 그러면 …할 것이다'라는 의미가 자연스러우므로, 「명령문, and ~」로 고쳐 쓴다.

Wrap Up

p.94

❶ 의문문 ❷ 명령문 ❸ 부가의문문 ❹ How

1 Can you speak Chinese?
2 What a great painting (it is)!
3 How beautifully she dances!
4 Do they live in this apartment?
5 Edward isn't wearing glasses, is he?
6 Be brave, and you will be able to do anything.

MEMO

중학

천문장

LEVEL 1

「구문이 독해로 연결되는 해석 공식」